本书系国家社科基金高校思政课研究专项一般项目"新疆青少年国防教育路径与机制构建研究"（编号 23VSZ108）、教育部人文社会科学研究新疆项目"新疆运用红色文化资源铸牢中民族共同体意识研究"（编号 23XJJA850002）、新疆维吾尔自治区高校基本科研业务费项目——新疆工程学院中华民族共同体意识培育研究基地的"新疆高校铸牢中华民族共同体意识教育的使命认同及实践路径研究"（编号 XJEDU2022J034）"铸牢中华民族共同体意识在'一站式'学生社区建设中的实践应用研究"（XJEDU2024J132）、新疆维吾尔自治区研究生科研创新项目"毛泽东国家治理思想研究"（编号 XJ2022G194）和十一师职业技术学校王涛名班主任工作室资助出版。

# 新时代
# 高校班主任思想政治工作研究

XINSHIDAI GAOXIAO BANZHUREN SIXIANG ZHENGZHI GONGZUO YANJIU

张超　王建华　尹茵　张令勇　著

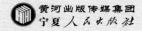

黄河出版传媒集团
宁夏人民出版社

**图书在版编目（CIP）数据**

新时代高校班主任思想政治工作研究 / 张超等著.

银川 ：宁夏人民出版社，2024. 5. -- ISBN 978-7-227
-08009-1

Ⅰ. G645. 1；G641

中国国家版本馆 CIP 数据核字 2024EL5467 号

# 新时代高校班主任思想政治工作研究

张超　王建华　尹茵　张令勇　著

责任编辑　管世献　周方妍
责任校对　杨敏媛
封面设计　姚欣迪
责任印制　侯　俊

 黄河出版传媒集团
宁夏人民出版社 出版发行

出 版 人　薛文斌
地　　址　宁夏银川市北京东路 139 号出版大厦（750001）
网　　址　http://www.yrpubm.com
网上书店　http://www.hh-book.com
电子信箱　nxrmcbs@126.com
邮购电话　0951-5052104　5052106
经　　销　全国新华书店
印刷装订　三河市华东印刷有限公司
印刷委托书号　（宁）0029666

开本　787 mm×1092 mm　1/16
印张　12
字数　170 千字
版次　2024 年 5 月第 1 版
印次　2024 年 5 月第 1 次印刷
书号　ISBN 978-7-227-08009-1
定价　68.00 元

# 前　言

有机会写本书的前言，是一件令著作者十分振奋的事情。

党的十八大以来，以习近平同志为核心的党中央高度重视高校思想政治工作，全国高校继承发扬对在校大学生思想政治教育的优良传统，积极研究探索新形势下加强和改进在校大学生思想政治教育的新路子，总结了许多成功经验，取得了许多可喜成果。不管哪一所高校，班主任工作所涉及的面都差不多，但具体怎么管理、如何服务大学生，侧重点又各不相同。作为高校班主任的一分子，我们认为总结好日常高校班主任工作的好经验好做法，对其他高校班主任有一定的借鉴意义，也是我们几位始终热爱并实践高校思想政治工作班主任的一种责任和使命。

习近平总书记在党的二十大报告中指出，"青年强，则国家强。当代中国青年生逢其时，施展才干的舞台无比广阔，实现梦想的前景无比光明。全党要把青年工作作为战略性工作来抓，用党的科学理论武装青年，用党的初心使命感召青年，做青年朋友的知心人、青年工作的热心人、青年群众的引路人。"[①]实现中华民族伟大复兴，坚持和发展中国特色社会主义，关键在党，关键在人，归根到底在培养一代又一代可靠接班人。班主任的经历如同一盏明灯，照亮同学们前行的

---

①习近平:《高举中国特色社会主义伟大旗帜　为全面建设社会主义现代化国家而团结奋斗——在中国共产党第二十次全国代表大会上的报告》，人民出版社，2022，第18页。

道路，带领和引导同学们看世界之广阔、见思想之深伟、感灵魂之畅达，这需要班主任具有默默奉献、不求回报的高尚师德。一名高校班主任，只有扎实做"里子"，才能挣"面子"。针对已经有自己独立思考能力的大学生，要努力做一名对他们在校期间学习成才有很大帮助的引导者和领路人，而不是一位灌输者。力争成为一位高明的师傅，而不是严苛的训练者。

时代造就青年，盛世成就青年，青年是新时代英才，前程远大，是建设中国式现代化的骨干群体。党的十八大以来，以习近平同志为核心的党中央，对教育事业特别是培养社会主义建设者和接班人工作高度重视。新时代是奋斗者的时代，高校班主任要拥抱伟大时代，和班里的大学生一起共同享有人生出彩的机会，共同享有梦想成真的机会，共同享有同祖国和时代一起成长与进步的机会，这是能够奋斗大好环境的时代馈赠。

作为在校大学生接触最多的教师，影响也算最大的师者，要对他们用心用情用力培养，浇花浇根，育人育心。使其扣好人生的第一粒扣子，成长为中国特色社会主义事业的建设者和接班人，具有十分重大的历史和现实意义，这关乎党的命运、国家的命运、民族的命运，是百年大计。

结合新时代在校大学生的学习、生活、实习、就业创业、恋爱婚姻、融入社会等这些"酸甜苦辣咸"的大事要事，需要班主任提高站位，充分认识到自身角色，认清自己在育人方面的价值和意义，以及按照有关法律、法规、政策，时刻服务着自己班里的莘莘学子，围绕"为党育人、为国育才"的宏伟目标，摸索出一套具有一定通用性且较为管用的战略策略和方式方法。应该说，"班主任工作"是一个历久弥新的话题。在新时代，如何创新性发展高校班主任思想政治工作，使之充满成效，这是一个既有重大理论价值又有重要现实意义的问题。

本书从"准确定位高校班主任角色""关爱和担当是工作的根本""注重自身师德师风建设""教育和引导大学生学习要好""教育和引导大学生生活要好""教育和引导大学生身体要好""教育和引导大学生珍惜时光""教育和引导大学生永跟党走""教育和引导大学生勤于思考""塑造大学生健全高尚人格"十个方面加以阐述，逻辑较为清晰，理论与实践也算丰富，期待为做好新时代班主任工作做一有益尝试和探索。

# 目　录

# 第一章  准确定位高校班主任角色

教育是对中华民族伟大复兴具有决定性意义的事业，起着先导性、基础性和全局性的作用。教育兴则国家兴，教育强则国家强。实现中华民族伟大复兴的中国梦，归根到底靠人才、靠教育。教育是今天的事业，明天的希望，高校班主任抓好一个班，就是抓这个班未来的发展。大学对于一个学生的成长进步到底意味着什么？笔者认为：大学是一个实现人生机遇的加油站、人生梦想的储电厂、人生历练的多媒体。在这里，是龙有深海，是虎有高山。只要肯努力，有的是机会和舞台，有的是人才和老师，有的是终身的朋友和合作者。高等教育离不开班主任这支站在大学生身后的"人师"队伍，他们对大学生健康成长成才起到了关键作用。作为高校班主任，做一名合格的或者优秀的育人工作者，首先要学会做个"大写的人"，同时必须学会用心去服务大学生，用心做事体现和升华"大写的人"，以"大写的人"统帅与激活用心服务大学生。

大学生是国家宝贵的人才资源，是民族的希望、国家的未来。刚刚步入高校的大学生，首先接触到的就是自己的班主任，也是他们将来三、四年大学生涯里需要经常受其教育服务的高校教师。若问一个在校或者已经毕业的大学生："在大学，谁是对你影响最大的一个人？"十之八九的大学生会提及自己的班主任。每个大学生在大学的初期，都是一张白纸，关键是班主任给他涂上什么颜色，在校大学生的表现就是班主任的影子。用优秀的人去做班主任，才能培养出优秀的大学生。

新时代，高校班主任角色在"以人为本"的教育理念下发生了重大的变化，教师的素质和能力也面临更高的要求。如何弘扬、培育学生的主体性、增强学生的主体意识、发展学生的主体能力、塑造学生的主体人格等问题成为班主任在目前教育中亟待解决的难题。一名优秀的班主任必须是人性丰富、人格完善、人品高尚的人。心中有爱，力量无穷。教师的人格在爱中展现，学生的人格在爱中发展，学生也会对身边的人充满善意，奉献爱心给他人，两者是相互影响的关系。当高校班主任，应明白：学生"口服千句，不如心应一声"，管学生不如管心，管心就是交心，让学生有安全感、信任感和归属感。一味管学生的弊端是家长制、一言堂，班级缺乏生机和活力；一味管事的弊端是班主任做得很累，事必躬亲，学生也缺乏积极性和创造性。

习近平总书记在学校思想政治理论课教师座谈会上强调，"青少年阶段是人生的'拔节孕穗期'，最需要精心引导和栽培"①。高校班主任的育人责任是培养大学生拥有未来享受美好生活的能力，高校班主任工作是教育人、培养人的伟大事业，教学生做一个真正的人，这既是其工作的出发点，也是其工作的过程，更是其工作的归宿。学习、实践、激励、成长是开展班主任思想政治工作的核心内容，决不能用狭义的目光审视学生们无限的发展可能。只要给实践机会，就会让它成为一次别样的实践体验，孕育出一摞生动的创作成果。实践宗旨不变，在实践形式上可以逆向思维，出奇创新，敢于突破做一些以前没有做过的事情。法国著名作家布封曾说："风格就是人本身"。班主任的管理风格是独有的，不能简单地模仿。

---

① 习近平：《习近平谈治国理政（第三卷）》，外文出版社，2020，第329页。

当然，高校班级的有效管理，不能仅靠班主任一个人唱"主角戏"，否则，这种模式不算科学，班主任也极为辛苦。应注重人格上的平等，经常性围绕某一个方面创新性开展"头脑风暴"式讨论，要"八仙过海，各显神通"，目的是在推动每位学生全面发展的同时，勇于在思维上、理念上、内容上、载体上、机制上、手段上、品牌上、方法上等八个方面求创新求突破，打造班级特有的品牌矩阵。

古人云，人过留名，雁过留声。一个班主任无论怎么样定位，重视学生，一切为了学生，为了学生一切，立德树人是根本使命和第一要义。要用多年班主任生涯的铁血丹心和责任担当在家校、师生之间架起一座坚固的桥梁，留下鲜明烙印。高校班主任的工作很少有"惊天地泣鬼神"的壮举，更多的是按照时间截止点完成日常的既定动作或者落实好上级下发的各类通知。所以，班主任要有育人定力和战略意识，甘当"人梯"。有爱有温度的班主任，可以改变人们头脑里班主任只会讲大道理的印象，增强育人的有效性。会让班级充满生活的温暖，会让班里学生有更加努力学习和成才的信心。

班主任工作尤为琐碎，琐碎就意味着忙碌，但要会忙，抓住主要问题，忙而不乱，这是一项工作方法，也是一项领导艺术。班主任育人工作是造福于他人同时也使自己获得幸福的伟大事业，具有塑造学生灵魂、生命和人格的重大意义，是师生之间思想与思想的交流、情感与情感的沟通、生命与生命的对话。要明白"培养什么人""怎样培养人""为谁培养人"，紧紧围绕立德树人根本任务，发挥班主任应有作用。一个班主任干不了小事，也就成不了大事。干琐碎工作的苦，恰恰是成就自己事业的磨刀石、聚宝盆和登云梯。

感恩新时代。处于中国特色社会主义新时代，我们国家取得的伟大发展成就，以及为未来以中国式现代化实现中华民族伟大复兴的宏伟蓝图，这个新时代，机会无处不在，引导学生做自己真心喜欢又富有意义的事情，做到"只为成功想办法，不为失败找理由"，而不是深陷"内卷"的旋涡，越卷越深。否则，大学生自己的焦虑会越来越大，对于整个国家、民族、社会、家庭和个人而言都是不利的落后的教育现状。

## 第一节　思想政治工作极端重要

思想政治工作是中国共产党的优良传统和突出优势所在。思想政治工作在任何环境条件下都绝不是可有可无、可以松懈的事情。思想政治工作从根本上说是做人的工作，它是学校各项工作的生命线。学校是人才培养的主阵地。尽管经济社会发展赋予学校许多使命和功能，但最根本的还是培育人才。2018 年 5 月 2 日，习近平总书记在北京大学师生座谈会上指出，"'才者，德之资也；德者，才之帅也。'人才培养一定是育人和育才相统一的过程，而育人是本。人无德不立，育人的根本在于立德。这是人才培养的辩证法。"[1]

习近平总书记指出，高校思想政治工作关系高校培养什么样的人、如何培养人以及为谁培养人这个根本问题。要坚持把立德树人作为中心环节，把思想政治工作贯穿教育教学全过程，实现全程育人、全方位育人，努力开创我国高等教育事业发展新局面。立德树人是我国教育事业的根本任务，也是新时代思想政治教育工作的理论导向和实践指南。

教育服务大学生的工作，当班主任还不懂得它的规律性的时候，总是不知从何下手，干起来就带有盲目性。而盲目硬干，总是吃力不

---

①习近平：《在北京大学师生座谈会上的讲话》，人民出版社，2018，第 7 页。

讨好的。只有细致地掌握了它的规律性，按照它的规律去办，才能得心应手，事半功倍。正如习近平总书记所说的，"做好高校思想政治工作，要因事而化、因时而进、因势而新。要遵循思想政治工作规律，遵循教书育人规律，遵循学生成长规律，不断提高工作能力和水平。"①高校班主任一定要清醒认识到，人生最美实属大学阶段，高校思想政治工作极为重要，同时面对的对象又是成年人，有自己的思想认识，该怎么做？离不开对青年大学生的正确疏导，坚持说服教育，耐心细致地讲清道理。因此，要做好高校班主任工作，必须充分认识工作的规律性，并且切实遵循和正确运用这种规律性。

　　"立德"一词最早可追溯到《左传·襄公二十四年》："大上有立德，其次有立功，其次有立言，虽久不废，此之谓不朽。""立德""立功""立言"彰显了中国人民自古以来的价值追求，其中以"立德"为首。众所周知，"立"是树立的意思，"德"是德行、道德，"立德"就是将"德"深入人心、根植人心的过程，促使人成为有道德有德行的人。"树人"一词可追溯于《管子·权修》中记载"一年之计，莫如树谷；十年之计，莫如树木；终身之计，莫如树人。"在我国，"十年树木，百年树人"是个影响深远的教育理念。很多人对这个理念的理解是，将一棵小树育成可作木料的大树尚需十年，将一个人培养成人才则需要更长的时间。这个短语是从《管子·权修》一文的观点演化而来的。原文是："一年之计，莫如树谷；十年之计，莫如树木；终身之计，莫如树人。一树一获者，谷也；一树十获者，木也；一树百获者，人也。"意思是说，提高臣民素质给国家带来的收益可持续时间是种树的十倍，是种谷物的百倍。要把教育大学生的各项"宝典"不厌其烦、发乎于心地从心底呐喊，温暖其心灵，充"氧"补

①习近平:《习近平谈治国理政（第二卷）》，外文出版社，2017，第378页。

"钙"，让学生真正听进去、自愿落实下去，这需要温度。我们应该牢记毛泽东同志在延安说的那句老话："为什么人的问题，是一个根本的问题，原则的问题。"①

其中"一获""十获"和"百获"是指收益可持续的时间，而非获益所需要的时间。依此，"十年树木，百年树人"的本意应是种树能有十年的收益，育人则有百年的收益。从收益持续性的角度理解这个短语，显然比从成才时间的角度理解这个短语更符合客观逻辑，因为如果培养一个人才真的需要上百年的时间，那么世界上就没有百岁以下的大科学家和诺贝尔奖获得者了。一位对学生关怀备至、体贴入微的好班主任，可能会改变青年大学生的一生，学生将会充满感激之情，并将这种感动感恩化为报效国家、奉献社会的动力。记得笔者曾在某次教师节收到一位学生的问候和感慨，"世间万物千百好，谢谢遇见个好班主任；人生道理天天讲，谢谢摊上个好班主任"。

情于内而形于外。人们的喜怒哀乐总是通过面孔表现出来的，当班主任把自己学生的事儿看得重一些时，眼神、语气就会尊重他，说起话来不是颐指气使，更不是不满，甚至蔑视。无论拿出什么举措和办法，都是从学生的利益出发，充分为学生考虑，学生也会尊重班主任，配合班主任工作，更加有效地实现双方的目标——学生得到很大程度的成长成才。一个优秀的班主任，会经常被学生们喜欢和记得。若在其位不谋其政，放松对班级的管理，工作标准很低，满足于过得去，对班级某些学生存在的松散懒乱问题睁只眼闭只眼甚至不管不问，学生们早晚会对班主任的育人职责提出疑问。

习近平总书记指出，"一个人遇到好老师是人生的幸运，一个学

---

① 毛泽东：《在延安文艺座谈会上的讲话》，载《毛泽东选集（第三卷）》，人民出版社，1991，第 857 页。

校拥有好老师是学校的光荣，一个民族源源不断涌现出一批又一批好老师则是民族的希望。"① 教师是学生健康成长的引路人，教师师德高尚，才能培养思想品德好的学生，才能引领良好的社会风气。高校班主任要按照习近平总书记提出的要求，真正践行新时代的"四有好老师""四个引路人""四个相统一"要求。四有好老师②，即"有理想信念、有道德情操、有扎实学识、有仁爱之心"，四个引路人，即"做学生锤炼品格的引路人，做学生学习知识的引路人，做学生创新思维的引路人，做学生奉献祖国的引路人"。四个相统一，即"坚持教书和育人相统一，坚持言传和身教相统一，坚持潜心问道和关注社会相统一，坚持学术自由和学术规范相统一"。

高校班主任引领着班级的前进，应该深入思考，真正领会以上这些并运用到实际工作中去，有思想和有行动，把思想政治工作做在日常、做在人的心上，才会获得班里大学生们的真心喜欢和拥护。比如，能够系统阐述社会发展规律：集中精力办好自己的事情是应对各种风险挑战的关键。一个国家、一个民族的发展，立足点在于走好自己的路，关键在于办好自己的事。这是唯物辩证法所揭示的基本道理，也是为历史和现实所证明的基本结论。只有坚定不移集中精力办好自己的事情，才能"乱云飞渡仍从容"，在变局中赢得主动、赢得优势、赢得未来。

北京大学探索建立"第二班主任"制度的创新，凸显了班主任工作的重要性。北京大学深入学习贯彻习近平总书记关于教育的重要论述，落实立德树人根本任务，针对当前高校育人工作中出现的新形势、新问题、新情况，探索建立"第二班主任"制度，引导学生培育和践

---

①本书编写组：《习近平总书记教育主要论述讲义》，高等教育出版社，2020，第201页。
②本书编写组：《习近平总书记教育主要论述讲义》，高等教育出版社，2020，第207页。

行社会主义核心价值观，努力培养德智体美劳全面发展的社会主义建设者和接班人。

深化"三全育人"，完善制度设计。推动落实全员育人，从2019年起探索建立"双班主任"制度，由专任教师担任"第一班主任"，由学校党政领导、职能部门负责人、机关干部担任"第二班主任"，完善德智体美劳全面培养的育人体系，持续加强对学生的思想教育和价值引领。目前，"第二班主任"已覆盖全校34个院系、本硕博各学段，累计有170余名机关干部主动参加。他们深入基层联系学生，进课堂、进班级、进宿舍，通过"面对面""心贴心"的方式，拉近师生距离、解决学生问题、实现思想引领，既搭建了思政工作新平台，也进一步密切了与基层单位的联系。"第二班主任"充分发挥和利用自身政治理论素养、专业管理知识和组织协调能力，创新思政工作模式，促进管理与思政工作的结合，推动学校育人体系不断完善。

优化组织管理，抓好队伍建设。严把入门关，制定严格的选拔标准，选聘"政治强、业务精、纪律严、作风正"的机关干部担任"第二班主任"。报名应聘的机关干部首先由所在单位提出推荐意见，再由机关党委进行政治把关，最后由学生工作部门综合考虑各院系实际与个人情况，进行院系匹配，明确岗位责任。制定《"第二班主任"工作手册》，明确工作职责，细化工作内容。将"第二班主任"纳入班主任培训体系，开展多样化的培训，明确学年工作要求，提升干部的育人意识和素养。对"第二班主任"履职情况进行考核，对突出事迹进行宣传，对存在的问题及时提醒，并将其作为干部任用、职称评定、评奖评优等工作的重要参考。加强全方位、多层次的设计规划，出台相关管理办法，加强激励保障与管理考核，总结经验、查找不足并不断完善。

强化作用发挥，助力思政工作。校领导班子全体成员率先垂范，亲自担任"第二班主任"，参加和指导班级主题教育活动、党团日活动，与同学们进行深入思想交流。在学校党委的领导下，"第二班主任"与班主任、辅导员等协同联动，与学工、后勤、组织、宣传等部门形成思政育人合力，不断提高服务学生全面发展的能力。各"第二班主任"深入院系，参与指导学生党支部、团支部、班级系列活动，持续加强班级建设，配合班主任、辅导员，加强与资助、就业、心理、宿管等部门的联动，及时发现学生群体中易出现的学业负担、经济困难、职业发展、心理健康等方面问题，主动介入、高效处理，切实维护学校和谐稳定，帮助学生健康成长。

要让教育充满幸福感。班主任应鼓励大学生积极向上成长。每一个学生都有自己的特长，不能总拿别人的长处和自己的短处比，要善于发现自己的长处，让这个长处发挥到最大，做最好的自己，才是成功的教育。而老师，是学生成长生涯中的引领者、陪伴者，引领他们在知识中得到收获，陪伴他们走过青春的迷茫，放手那一刻，看着他们发光发热，才是老师最幸福的时刻。要拥有成长型思维，敢于接受挑战。真正阻碍我们前进的，往往不是外界的阻碍，而是我们自己的思维。如果年轻的班主任把"我不行"变成"我试试"，把"我不会"变成"我可以学"，多一份尝试的勇气和改变的决心，就多了一份成长蜕变的可能。

班主任与学生之间的真情能够增强每一个孩子完成心中目标的自信。根据笔者的经验：当年觉得挺调皮的大学生，很多后来都发展得不错。不是学习好就是好学生，那些调皮的大学生，其实他们有自己的想法，他们敢于尝试。这些都是可以被班主任所接纳的，而且要去鼓励。做班主任，要非常用心地去做，做所有孩子的良师益友。重视青年工作是我们党的宝贵经验和优良传统。"延安五老"之一的吴玉章以"一息尚存须努力，留作青年好范畴"的崇高追求，为新时代的我们重视青年、教育青年、赢得青年作了示范。没有教育的改革，不能启发与提高青年大学生的政治觉悟与文化程度，立德树人的任务就不算取得成功。

党的十八大以来，以习近平同志为核心的党中央，高度重视青年工作，引导和教育广大青年，树立实现中华民族伟大复兴中国梦的理想信念，勇于担当时代赋予的历史责任，发挥生力军和突击队的作用，为党和国家事业取得历史性成就、发生历史性变革贡献青年力量。而吴玉章青年教育的先进经验和高山仰止的道德品质，为今天的青年教育工作提供了历史滋养。吴玉章永远是大家学习和崇敬的模范和榜样，立德树人的第一线班主任队伍更应该向吴玉章学习。

## 第二节　掌握运用相关政策策略

我们党历来把"政策和策略"视为党的生命。工欲善其事，必先利其器。高校班主任对做好高校育人工作的相关文件规定，按我所需、取其要点，摘记于本、熟记于心、灵活运用。《大学》提出的教育目标是：大学之道，在明明德，在亲民，在止于至善。思路一变天地宽，世上没有做不好的事，没有经验可以在实践当中去积累，没有思路可以在熟悉政策和借鉴其他同行做法的基础上总结提炼。

政策、规章是班主任开展工作的基本依据和遵循。俗话说："鱼有鱼路，虾有虾路。"我们做班主任工作，不可能件件事情都亲耳去听，亲眼看，是需要运用许多间接材料的。若不能掌握，就不知工作的逻辑和脉络，完成任务也难有章法。"问渠那得清如许，为有源头活水来。"近年来，我国已出台了一系列加强班主任工作的政策，班主任群体必须反复学习，不断思考，完全领会党和国家政策精神，使理论赋予实践光芒，既要领会到位，也要落实到位。避免出现"跟不紧上头，瞄不准下头，成了武大郎攀杠子——上不着天，下不着地"。思考，有时候并不需要特别高深的理论素养，只需要良心——作为一个有良心的管理者，应该知道什么该做什么不该做。同样，贯彻落实上级的安排部署，也不需要多么坚实的学术功底，只需要执行力就可以坚决落实。对于党和国家的政策精神，必须完整准确地抓住实质，贯彻精神时需要按照大道理去做，而不应该照抄照搬。

中共中央、国务院《关于进一步加强和改进大学生思想政治教育的意见》明确指出，高校教师必须坚持教书与育人相结合，班主任是大学生思想政治教育工作队伍的主体。教育部《关于加强高等学校辅导员班主任队伍建设的意见》同样明确规定，班主任是高等学校教师队伍的重要组成部分，是高等学校从事德育工作、开展大学生思想政治教育工作的骨干力量，是大学生健康成长的指导者和引路人。高等学校广大教师特别是党员教师要把担任班主任工作作为教书育人应尽的责任，积极主动地承担这一光荣任务。

灯里少油必然昏，肚里没货难教人。当好一名合格的高校班主任，必须具有良好的政治素质，树立高度的政治责任感，这离不开理论学习，深刻把握习近平新时代中国特色社会主义思想的科学内涵和精神实质，真正认识到习近平新时代中国特色社会主义思想是当代中国马克思主义、二十一世纪马克思主义，是中华文化和中国精神的时代精华，实现了马克思主义中国化新的飞跃，并将这一党的最新理论成果转化为科学的世界观和方法论，转化为坚定的政治信念和强大的精神支柱，不断增强班主任工作的思想性、针对性和有效性。坚持育人为本，守好班级这个平台，助推大学生快速进步。

"实"字当头。俗话说：万事开头难。"织衣织裤，贵在开头。"

高校班主任只有把握住了与自己班级学生刚接触的那段时间，以后的工作就会更加顺畅。要在解决整体性问题上下功夫，要为有特殊情况的学生有针对性地做些事儿，不断产生影响，促进每一个学生做些更加向上的改变。能改变一点是一点，能起多大作用起多大作用。

教师的管理行为改变一小点，很可能解决大问题，带来意想不到的效果。教育，就是一个个学生个性发展的过程，高校班主任仍然需要采用有教无类、因材施教的科学方法。

说到学生心坎上。"一言不中，千言不用"。若教育学生使其信服，不光说得要有道理，更需要切中他心中所想，否则说多少都没用。只会有一种"对牛弹琴"的效果。班主任应熟悉学生的性格，同时要考虑学生的心理倾向，帮助学生抽丝剥茧地分析，让学生自己得出其行为是否正确的结论。

"干"字为先。头脑里要时时刻刻琢磨班主任那些大事小事，有了压力和奋进的弦儿，把总结工作当成生活的一部分，培养成一个好习惯，才能积极主动去"干事"，"千困难万困难，真抓实干就不难。"唯有按照规律主动作为的班主任，才能捣鼓出超过他人的育人成效。

凭心而论，"善待"二字说起来容易，但真正落到实处却并非易事。我们不妨多站在大学生的立场，走进他们的内心世界，多一些换位思考的善待和处理。坚持"眼睛紧盯着学生，服务好学生"的育人理念。与时俱进制定班规。规范只是约束行为，但不禁锢创新。

注重创新性。学习模仿先进班主任的做法是必要的，但这只是当班主任的初级阶段。得有自己的独立思考，敢于打破常规，应该静下心来思考高校班主任工作的发展方向、技术的突破方向。大学是有思想的地方，也是最具有产生时代引领力育人新模式的可能性和实现条件的地方，主动的创新比被动的简单地完成上级文件指令要重要得多，也最有育人的成就感。

理论指导实践。一个民族要走在时代前列，就一刻不能没有理论思维，一刻不能没有正确思想指引。有的班主任认为，班主任工作实践性强，能管人，管住人就行，学不学理论影响不大。班主任工作实践性强，并不意味着可以不用理论指导。毛泽东同志曾强调："我们的实践证明：感觉到了的东西，我们不能立刻理解它，只有理解了的东西才更深刻地感觉它。感觉只解决现象问题，理论才解决本质问题。"[1] 一名优秀的班主任要注重学习领会理论，并自觉运用正确理论指导实践，那他取得成功是早晚的事。班主任不能只在实践当中摸索育人的模式，也需要通过阅读相关专业书籍提高自身的育人能力。通过跟书本里的很多智者学习，自己心中很多迷惑的东西、犹豫的东西、忐忑的东西，可能全都清理掉了。

要想管理好班级，必须有战略考虑，班主任既要有规划的心态，一是争取最有利的局面，二是准备应付最坏的情况，又需要一支素质过硬的助手团队，"上下同心，其利断金。"高校班主任工作不应该仅仅是一个人的亲力亲为，更应该是班主任和全体学生的幸福吟唱。磨刀不误砍柴工，思想是行动的先导。在思想认识上达成一致意见，比我们在具体行动上的收获更有长远意义。团结就是形象，团结就是力量。"麻雀虽小，五脏俱全"。大学的一个班级，通常也就是几十个学生，但班级的班委会必不可少，班委会是学生自我管理、自我教育、自我服务的主要力量，在老师特别是班主任与学生之间起着桥梁纽带的作用。要选优配强，可设岗位尽量设立，通常由班长、团支书、学习委员、副班长、劳动委员、生活委员、心理委员、宣传委员、体育委员、纪律委员等班干部组成。

一个班级的管理，除了班主任的事事躬亲外，也离不开一个团结

---

①毛泽东：《毛泽东选集（第一卷）》，人民出版社，1991，第286页。

的班委会，特别是"班长和团支书"这两只"领头雁"的作用。根据笔者班主任经验，搞好班委的管理，离不开四句话：班级的事是团结的起点，班干的素质是团结的基础，班干的感情是团结的纽带，健全的制度是团结的保证。"头雁依头雁，头羊领群羊"，充分信任班委一干人的带头示范作用和方方面面信息员的角色作用。搞好班干部竞选工作，明白并告诉大学生，"学生班干部算不上干部，它只是提供了为班级同学服务的舞台，提供另一个角度看问题，能使自己得到很多锻炼，对学生的综合素质特别是大局观念和组织协调能力很有好处"。

在班级管理上，除了每个学校都出台的《大学生守则》之外，还有必要制订出一套独具特色的班规。事实证明，用制度来管人，既快捷又有效。如果只有班主任或者班干部说了算，没有事先确定班规，就会很随意地操作，班里一部分学生会觉得不公平。当班级有了大家共同商定的一套奖罚分明、公平透明的班规，不管哪个学生违反纪律，在班规面前都一视同仁，毕竟班级之事，不难于建章立制，而难于规章内容必须施行。尽力远离违规之事并按照规章管理班级就会特别轻松，每个人都会信服。

要教给同学们特别是班干部一些做事技巧。强迫式、硬邦邦地通知会让同学们感到不舒服。比如，在上传下达时，与其只是硬邦邦地通知时间、地点，不如把讲座的相关背景告诉同学们，讲课人是谁，讲座的主旨是关于哪些方面的，等等。

落实才能出成绩，执行才能见成效。做班主任工作，我们要真抓实干，善做善成。抓而不成，不如不抓。管理是一门学问，靠目标管人，而不是人管人。假如每个人都有相应的目标，以这个目标考核每个人的业绩，那么他就会自发地努力。这个过程中，目标需要讲出来、喊出来、贴出来。以目标倒逼责任，以时间倒逼进度，以考核倒逼落实，奋力实现"每学期都精彩"。制定一份可操作的学期工作计划；健全一套可量化的班级检查、评比、奖惩制度；选树一批好的典型。通过"不间断、不掉线"的持续推进、抓紧落实、绵绵发力，督促学生在各领域都能争先恐后、出类拔萃。

要严格督促学生在该努力的阶段奋发图强，不断提升大学生服务国家、民族和社会的责任感、使命感。这是高校班主任的使命所在、价值所向。"名师未必出高徒，严师才能出高徒"。古今中外事实已经证明，要想成为时代的"弄潮儿"，必须付出不同寻常的努力。

问题是时代的声音，回答并指导解决问题是理论的根本任务。做一名"现实主义理想者"。现实给班主任的种种境遇，包括种种难题，班主任都应该有勇气去面对，并且要微笑面对，这是班主任应该具备的心理准备，不能逃避。同时，作为高校的教育工作者，必须有理想，如果没有理想，就不会站在未来的角度，来适应今天的在校大学生。适应的本质就是个体体现出良好的健康水平尤其是心理健康水平，使其越来越关心和关注自己的健康。所谓健康，既指身体健康，又指心理健康。联合国教科文组织对健康的定义是：健康应包括躯体健康、心理健康、社会适应良好和道德健康。对教育的热爱和初心不能变，每一个学生，考进这一所大学，入校的那一瞬间，绝大部分学生都希望在学校快快乐乐、健健康康、平平安安地度过每一天，想着每一天都学有所成，学有收获，将来成为一个对家庭、对社会有用的人才。这也符合我们国家要建成富强、民主、文明、和谐、美丽的社会主义现代化国家的需要。英才辈出，家国在心中，高校班主任是育人的职业，能够促进人的发展，成全人的发展，为每一个家庭培养人才，为我们的国家培养人才，这绝不是一句空话。

敬畏教育，以爱传承。育人之道——无私就能坦荡。老老实实工作，呕心沥血育人。作为班主任，对孩子的影响是巨大的，也许一句话，就点燃了孩子成才的火焰，成就了一个孩子。也许一句话，可能就让一个孩子丧失了希望。正向激励孩子，能更好地体现出班主任的价值和能量。

好记性不如烂笔头。要有班主任工作日记本，随时携带身边，随笔记下关于班级和大学生的一些事。每天都真实记录日常工作，既有所学、所做，更有所思、所想，目的就是不断地总结并提高班主任的思想觉悟和工作水平。经常通过广泛的学习，吸收更多的营养来丰富自己的育人知识；经常对照榜样，反思自己、衡量自己做得如何、行得怎样，哪些做得好，哪些做得还不够，怎样才能做得更好，才能促进和全面提高自己，更好地全心全意为学生服务。

我们正处在一个伟大的变革时代，传统的和现代的、中国的和外国的各种思想和文化相互碰撞。如何在融合古今中外教育思想的基础上综合创新，走出一条民族的、科学的、大众的，面向现代化、面向世界、面向未来的中国特色的社会主义教育之路，这是一个历史性课题，本书笔者的写作过程，也是思考和回应这个课题的具体行动。

## 第三节　明确教育服务对象特点

当前，在校的大学生主体是"00后"，他们成长在我国加入世界贸易组织之后，国家经济水平提升，人民物质生活得到改善。可以说，他们基本上都是衣食无忧的"不缺物质者"，又是网络时代的原住民，对很多信息和知识的查询能力很强，可谓见多识广、很有主见。但是，他们也有时代带来的一些缺点和不足，比如：吃苦耐劳精神不够、理想信念不够坚定、人际关系搞得一般、人格品行仍需磨炼，甚至被有些人称之为"精致的利己主义者"。这些特征，高校班主任老师必须有所了解、充分准备，通过专业学习，全方位提高育人能力。

《孙子兵法》曰："知彼知己，百战不殆。"学会鼓励并宣传，运用典型推动工作，是我们党在宣传方面的一大优良传统。看一个人，听一个人说，也许看到的只是侧面，听很多人说，也许看到的就是立体。调查研究是我们党的传家宝，是谋事之基，成事之道。作为一名高校班主任，必须了解和掌握本班每一个学生的具体特点和闪光点。"顺木之天，以致其性"，视他们为具备一定思想和成熟价值观的成年人，有针对性地教育引导。何谓教育引导？就是现代人认为后代人应该怎样生活以及他们应该生活在一个什么样的环境中。作为一名高校班主任，唯有对班级每一个大学生的思想情况全面掌握，才能有利于引导他们的身心健康。做不到这一点，即使育人工作热情很高涨，面对"特殊"的病号，也无计可施。

了解大学生思想状况的方法有多种，而最常用最有效的一种方法是谈心谈话，这种方式可以有效解决大学生的个人思想问题。班主任与大学生谈心谈话时，应该真诚平等，不能端着架子，以直抒胸臆为主，认真听取倾诉，循循善诱。这样容易与学生共情，即使遇到一些沉重话题也会变得相对轻松，学生也不会有太大的压力。班主任自己也要不断学习，扩大知识面，具备学习、处世、生活、育人的智慧，能够在各个方面给学生以正确的帮助和指导。让自己班级的学生能够达到"聚是一团火，散是满天星"的喜人效果。关于大学生的学习生活引导和思想政治教育应做到"两手抓，两手都要硬"。青年犹如大地上茁壮成长的小树，总有一天会长成参天大树，撑起一片天。青年又如初升的朝阳，不断积聚着能量，总有一刻会把光和热洒满大地。①

①习近平:《在庆祝中国共产主义青年团成立100周年大会上的讲话》,《人民日报》2022年5月11日,第2版。

班主任工作就是围绕班级的学生以及与学生有关的大事小事来全面开展工作。若是离开"学生"二字，一切"教育引导"等于零，是徒劳的。对大事、小事也要有个辩证的看法。再大的事，重视了，大事化小，小事化了；小事再小，不重视，小事变大事，甚至酿成祸事。高校一直强调学生安全稳定工作无小事，对班主任而言，应该加上一句，涉及学生切身利益的事也无小事。实际上只要处处想着学生，把学生的事情放在心上，许多涉及学生的棘手问题都是容易解决的。

班主任要用心亲近学生，经常深入学生，科学引导学生，善于组织学生。尽量每周都要花些时间集中或单个跟班里学生见面交谈，听听同学们的真实想法。如果我们不走进学生的内心世界，不与学生的灵魂面对面，我们就无法给予学生最真实的教育。真正做到：没有问题不谈话，没有提纲不谈话，没有尊重不谈话，没有解决不谈话，始终做到"任凭风浪起，稳坐钓鱼台"。作为一名班主任，一定要把"谈心有质量"作为自身必须具备的基本功，切实提高与学生谈心的质量。一是要带着真心去谈。学生把我们当亲人，我们应切实端正对学生的态度，关心关爱学生。二是要带着真情去谈。我们要设身处地地为学生着想，发现学生的各种困难。谈心要以情感人，而不能居高临下。三是要带着"真理"去谈。要把谈心的过程当作思想教育的延伸，不能用小道理哄学生，更不能用"硬规定"唬学生。要循循善诱，用大道理启迪学生心灵。要努力做到：谈一次心解开一个思想疙瘩，谈一次心让学生充一次"电"，加一次"油"，让学生能轻松愉悦地学习、生活，提高认识并增强能力。

客观上讲，由于在校大学生年龄在20岁左右，既具有成年人的思维，又有着年轻人的创新性特征，正处于"精神成人"的重要关口。所以，作为高校班主任，有压力也有挑战。对他们大学阶段必须完成的目标任务，一定要千方百计地坚决推动落实，用"动之以情、晓之以理"的方式给班里学生一股强大的推动力和一种极大的信心。让班里学生"亲其师、信其道"。坚持找到问题、解决问题是体现教育针对性、原则性的最佳形式。学生是教育的主体，学生接受教育的积极程度决定着教育的深入程度。只有教导，没有引导，则学生难以心动。教育就是通过"教"的方法达到"育"的目的，把学生的需求放到前头，把做人的道理讲到心头，把育生的职责刻进骨头，这样的教育才会让学生认可。

做班主任工作，免不了经常与各种各样的问题打交道。有的班级大学生有生机活力，成绩优异，综合表现整体来看较为优秀，并不是说这个班级没有问题，而源于那里的班主任能够及时发现问题，及时解决问题，因为发现问题是解决问题的前提。发现和解决问题的重要性及其意义不言而喻：及时发现问题是聪明，深入剖析问题是开明，主动解决问题是精明，敢于反映问题是高明。记得毛泽东同志曾强调，"我们不但要提出任务，而且要解决完成任务的方法问题。我们的任务是过河，但是没有桥或没有船就不能过。不解决桥或船的问题，过河就是一句空话。不解决方法问题，任务也只是瞎说一顿。"①

既要注重思想教育"铸魂"，也应建章立制"定规"，还需管理监督"立威"。作为一名班主任，应认识到"先礼后兵"的合理性，先做思想预防的工作，而不是等问题出现了，再去批评学生，那样会费时费力。发现问题要早，解决问题要及时，是做好班主任工作的成功经验，班主任工作要在"早"和"及时"上下功夫。集中的政治教育可以解决苗头性思想问题。一入学校，就先发给大学生们一本《学生守则》，组织大家集体学习一遍，公而告之。让大家知道什么是"高压线"，属于违规违纪，所带来的代价是什么，促使其在"禁区"外学习

---

①毛泽东:《毛泽东选集(第一卷)》,人民出版社,2006,第139页。

和生活。若不给大家提前树立规矩，明确底线，班里学生们很可能只是大的方向不会出问题，但具体奖罚细则有可能从未听过，给师生之间或者给学校和学生之间带来不必要的麻烦。班主任事先告知学生，班里就会很少出问题。

培养大学生批判性思维的能力，能够在面对各种各样的问题时，不是简单地抱怨，一味地吐槽，而是换一种角度全面辩证地思考。若养成了这样的一种思维习惯的话，大学生对很多问题，会有自己的独特想法，也会善于去创造和创新。了解到大学阶段是人生的宝贵而关键的阶段，像其他阶段一样，肯定具有这样那样的风浪，如何不忘自己的初心，这是人生当中很重要的一点。

# 第二章 关爱和担当是工作的根本

到底具备什么条件，才能成为一名合格的高校班主任，这是很多高校班主任不断叩问自己的元命题。笔者认为，没有别的，对大学生的关爱和担当是最重要的两点，因为，关爱是其工作的不竭源泉，担当是其工作的快速落实。

## 第一节 用心用情用爱去教育引导

怎样当好一名高校班主任呢，离不开班主任对这份岗位甚至事业的热爱。人的成长，特别是在校大学生的成长，仍然需要班主任紧盯和督促，班主任工作的精髓是什么呢？是情感共鸣，用一种真诚的情感去感召人、影响人。高校班主任应牢固树立一个简单而朴素的观念：大学的主体在任何时候都是学生，没有学生就没有大学。事实证明：教育引导学生向上拼搏还是"散养式"管理，所产生的结果是不一样的。一定要激发在校大学生走出"舒适区"。如何才能抓好班级工作的落实呢？依据笔者经验，做到以下七点较易出成效：一是吃透上级精神抓落实；二是抓住中心工作不动摇；三是盯住部分"掉队"大学生去转化；四是运用典型先进来示范；五是勇于开拓创新形式抓好落实；六是及时总结、适当调整、一抓到底；七是心中要有"数"，工作才能有方。翔实、准确的班级学生数据为班主任有针对性地做好工作提供强大支撑。面对青年大学生，应用好新时代和接地气的语言，合理规划谈心谈话与指导帮助工作，真正做到"切口准、破题深、落点实。"

从教育的角度讲，要给孩子"跳一跳摘到果子"的激励。人生教育，需要给孩子真实的成长，而这种真实的成长，就是一种经历了挑战以后获得成功的积累。作为班主任，很希望班里的孩子走出大学的校门，他们经历了大学四年的学习，不止于能找到一份好工作或者继续读个好大学的研究生。更重要的是在未来，十年、二十年之后，他们能成为一个行业、一个领域的领军人才。

《中庸》有言：天命之谓性，率性之谓道，修道之谓教。教育就是要尊重学生不同的禀赋和天性，遵循教育规律，因材施教。教育界前辈吕型伟老先生提出关于人才的两句话：一句是"天生我人必有才，天生我材必有用"，另一句是"人人有才，人无全才，扬长避短，人人成才"。这和个性化教育是非常吻合的，我们一定要关注每一个生命现象，"适性育人"就是最好的教育状态。

唐文学家韩愈说："师者，所以传道授业解惑也。"高校班主任，应该认识到"传道"即做"人师"是第一位的，从一定程度上来看，"人师"比"经师"更重要。孟子讲，"君子有三乐"：一是父母俱存，兄弟无故；二是仰不愧于天，俯不怍于人；三是得天下英才而教育之。依此得知，班主任要有"得天下英才而育之"的家国情怀，牢记"不只是及时待在身边的保姆，更是立德树人的关键角色"。

班主任的天职是培养出优秀的至少是合格的大学生，而爱心和事业心是其工作的最重要因素，也可以说，班主任工作是用爱心和事业心包裹起来的。班主任责任心有多大，人生舞台就有多大。爱是最大的动力，爱在何处，智慧就在何处，奇迹就在何处，学生是班主任的工作对象，对大学生的学习、生活和思想不了解，绝对不是一个合格的高校班主任。班级里，班主任以严的形象自居，这样学生对班主任有敬畏之心；班级外，班主任应该以心换心，成为同学们的朋友。做好细致入微的班主任工作，除去真诚的爱心以外，还要有适当的方式方法，因人而异、因时而异、因事而异。

根据学生各方面特点因材施教，与他们打成一片。要做"大先生"，让每一个学生礼遇美好与未来。视大学生高于自己，爱大学生胜过自己，为大学生不顾自己，学大学生以提高自己。一个真正的班主任，要有朴素的教育情怀。人都是有感情的，做育人工作必须考虑这个因素，高校班主任做思想政治工作不要轻易发火批评大学生，应该循循善诱，耐心启发诱导，从尊重大学生理解大学生的一面出发，把思想工作做到每个大学生的心坎里。可是在相当长的时间内，这个因素在一定程度上被忽视了，部分高校班主任做思想工作不照顾和尊重大学生的感情，往往成为思想工作不能很好奏效的重要原因。

针对班级管理这一既复杂又简单的工程，对待学生们，班主任要最大化地鼓励他们。关爱大学生，最重要的地方是班主任摒弃空洞无物地说教，避免居高临下地面对学生，而要用自己的人生阅历和青年大学生所承担的为国家为家庭的使命感去启发他们，用"共情"教育唤起学生内心的力量。教给学生终身受益的思想和知识，应该说是班主任工作的最高点。解读大学生的青葱岁月中的点点滴滴，始终贯穿着积极向上的精神力量，并希望将这种力量传递给班里的每一个大学生。确实这是个大道理，人人都懂。人人都懂的工作原则，未必了解真谛，未必能真正做到。有这般思想境界的班主任，才会埋头苦干，承担该尽的育人责任，才会精神抖擞、满心愉悦地做好各项工作。

"敬业、热爱"是一个要长期坚守的底线。要把对班主任事业的热爱渗透进骨髓，有"时时放不下"的心理。教育无小事，枝叶总关情，敬业之后是精业。应当一个"脑子里永远有任务、眼睛里永远有学生、肩膀上永远有责任、胸膛里永远有激情"并成为班里学生可以敞开心扉倾诉的兄长或长辈。经过一段时间，尽快成为他们可以信赖的老师和兄长。

一个班主任，怎样才算尽到责任？责任的尺度应该定在哪里？责任，谁能计算出它在人们肩上的分量？这些疑问都可以在"敢于负责、独当一面"这里找到答案。做好班主任工作，一是在思想观念上，班主任要走在学生的前面。事实表明，作为班主任，在思想观念上走在前面，才会有权威，才能带领全班同学取得一个又一个优秀成果。二是在工作中，作为班主任一定要经常深入学生中去，谆谆教导，真心呵护。班主任的全身心付出，学生都会看在眼里，不但会佩服，还会庆幸遇见这样一个优秀的班主任。高校班主任绝大部分是非常负责的，也有个别班主任，独立负责精神有些淡薄甚至消失。有的班主任遇事"等"字当头，推推动动，不推不动，甚至推而不动。这些不合格的班主任的处事哲学是，领导没有讲过的不讲，别人没有干过的不干，对上级的指示精神，只当"录音机""传达室"，照本宣科，照抄照转，根本不去联系本班级大学生的实际情况，至于有所发挥、有所创新，就更谈不上了。

马克思强调，"'思想'一旦离开'利益'，就一定会使自己出丑"[①]。作为班主任，要清醒地认识到，学生的思想教育一定要结合学生的实际利益，在合理照顾到学生关心的利益时，这样的思想教育一定是有效的。当然，也不能仅仅从学生的实际利益出发，需要围绕"提高大学生的思想政治觉悟"来开展班主任工作。班主任要像水泥，具有强大的凝聚作用，能把学生凝聚起来，使班级像一座牢不可破的大厦高高耸立。几十人的班级，想要做好每个学生的利益分配，面对各有各

---

① 马克思、恩格斯：《马克思恩格斯全集（第 2 卷）》，人民出版社，2012，第 103 页。

的想法，搞好评先、入党、助学金、推荐等具体工作确实不是一件轻松的事，属于很大的工作，也是很不好开展的。

关乎学生奖学金、助学金、加入党组织等切身利益方面，在符合上级各项政策的前提下，坚决建立各项科学性足、操作性强的有效机制，并提前告知学生规则，照章办事，极大地调动班里学生的积极性、主动性。班主任要把这个班级整体学生带好，自身必须在关乎他们利益上做到公平公正透明，要做到这一点也不难。一是一定是非常热爱自己的学生，千万不能只是口头上奖励，在必要的时候要多多维护他们的切身利益，唯有这样，学生才能相信你说的，并积极表现自己，展示闪光点。二是平时多观察学生，与学生本人以及班干部进行交流，并记录下来。三是自身必须过硬，不能掺入私利，杜绝被"打招呼"和"托人情"。

评比各级各类奖学金、助学金。奖学金的评比标准主要看学习成绩及每项表现赋分情况，这个容易得多，几乎不会产生异议。但是对于评助学金这项工作，需要班主任综合考虑，严格按照学校出台的管理办法执行，在程序上合乎规范。在班里的学生都觉得公平公正的基础上，真正找到经济上有困难的学生，科学划分一、二、三等奖，尽量做到有理有据。如果一个人心怀梦想而生活却对他横加阻拦，我们有理由去帮助他。也可以利用自己的人脉，请求学校多几个指标，或者请社会上经济条件优渥，又愿意做些慈善事业的人士给予些帮助。

班风是一个班级的灵魂，班风的作用体现在"随风潜入夜，润物细无声"的过程中。形成积极向上的班风不是一件小事，积极向上的好班风有助于形成同学之间凝聚力和向上的推动力。现在当班主任，若是不主动推动形成正能量的班级风气，不站在班级文化角度长远思考，很多问题和事情就会时不时出来，而且不能很好地从根本上解决。班主任带班就是带正班风，形成文化。一个班级的班风正了，文化强了，就能使个人养成良好习惯，个人习惯好了，反过来会促进班级好风气的形成，这样相互促进，定会让班主任少操心，学生们多进步，班级名声响当当。

做好班主任工作记录。好记性不如烂笔头，对于班里大学生，可以详细记录性格特点、家庭情况、兴趣爱好、学习优势课程和弱势课程、人际交往、未来规划、违纪情况、获得荣誉……有了这些记录，就会很有针对性地教育引导他们，使他们更好地扬长避短，完善自我。

现实中，很大数量的班主任工作时，不求十全十美，但求"差不多""能过去"。衡量班主任工作，拿低标准来衡量，可能算好的，但拿高标准来衡量，就会觉得很不够；同后进的相比较，觉得还挺不错，但同先进的相比较，就可能有一大段距离；今天看看，工作都能对付过去，明天形势发展了，工作要求提高了，又会有力不从心之感。因此，问题不在于有没有缺点，而在于我们对人民事业有没有力争上游、誓赶先进的革命勇气，会不会用一分为二的辩证法去发现弱点，暴露落后面。其实，高标准是个事业心问题，只要把班主任工作当作事业干，干起工作就会始终精神振奋、斗志昂扬，工作质量自然就会不一样。

## 第二节　愿做事、善奉献，帮助其成长

每一个大学生都是家庭的希望，也代表着我们的社会和国家的未来，青年大学生之于党和国家而言，最值得爱护、最值得期待，也最接近"社会实践"的大舞台。既然选择做一名班主任，应该看到做班主任的价值所在，发扬"敬业乐业"的美德，把所带的大学生多培养

成为栋梁之材，少出现平庸无能之辈，最好不出现违法犯罪分子。要时时严格要求青年大学生，处处爱护学生，竭力帮助他们解决实际困难。在一些人眼里，班主任工作上有学生处，现有班干部，班主任就是个中转站。但笔者并不这样认为，在实际工作中，笔者注意发挥班主任"帮助指导，督导落实"的作用，不做传话筒，使全班的建设一步一个脚印，取得长足的发展。

习近平总书记曾经撰写的《敬业乐业为美德》一文，在今天对于做好高校班主任工作具有巨大的指导意义。具体内容作一适当引用，如下：

敬业是一种美德，乐业是一种境界。朱熹说："敬业者，专心致志以事其业也。"对待本职工作，应常怀敬畏之心，专心、守职、尽责，干一行、爱一行、钻一行，尽心竭力、全身心地投入。要精其术，不拘泥于以往的经验，不照搬别人的做法，力求做得更好，成为本行业的行家里手。人生不满百年，做的也就是那么些事。做一件事情，干一项工作，应该创造一流，力争优秀。要竭其力，对待事业要有愚公移山的意志，有老黄牛吃苦耐劳的精神，着眼于大局，立足于小事，真抓实干，务求实效，努力在平凡的岗位上做出不平凡的业绩，要乐其业，对工作有热情、激情，始终保持良好的精神状态，把承受挫折、克服困难当作是对自己人生的挑战和考验，在克服困难、解决问题中提升能力和水平，在履行职责中实现自身的价值，在对事业的执着追求中享受工作带来的愉悦和乐趣。①

具有主动奉献精神的班主任最有魅力，为学生操心的班主任必有收获。一个班主任再有本事，若没有职业道德，那肯定干不好的。如果班主任的内心没有被所从事的职业而激励，如果没有为这份事业心

---

① 习近平：《之江新语》，浙江人民出版社，2007，第 177 页。

有戚戚、念念在兹，就不会为所带班级的学生发光发热，做出超出寻常的贡献。俗话说，"一勤天下无难事，一懒世间完事休"。对待学生工作，班主任要始终保持"四勤"——心勤、嘴勤、手勤、腿勤，及时有效做好学生的思想引导和后勤保障两方面的工作。若作为班主任还是所带班级某些课程的任课老师，应该在学业方面给予班里学生更多指导。虽然不是"两眼一睁，忙到熄灯"，毕竟都是成年大学生，不用像以前的中小学教育，在学校时，有班主任全过程盯着，提供"父母式督促"和"保姆式服务"，但也应有一种"时时放不下、事事放心上"的责任感和精神状态。

人同此理、情同此心。每一个大学生都是那么鲜活，要舍得花时间在学生身上。用父母之心对待每一个大学生，育人是一个细致的过程，这也决定着班主任教无止境。这不应是一句空洞的口号，这是换位思考的体现，也符合老子说过"天下大事，必作于易；天下之大事，必作于细"的观点，班主任把日常的平凡事做好做细，会获得各层次的表彰，这些荣誉不必去刻意求之，积累到一定时候就会来，"有为则有位"。优秀的班主任一定会获得奖励，只是大小不同而已。按照有关规章制度，班主任的工作经历，可以带来职称评审上的方便和物质待遇上的些许提升，但这不是最重要的，一名优秀班主任，更看重的是那份沉甸甸的使命感和责任担当，以及那份看到班里学生学习进步和成才的收获感。

形式为内容服务。许多时候，干事需要有一定的载体。有了这个载体牵引，思想上有意识，身上有动力，行动起来就自觉。被聘为高校班主任之后，虽然没有什么级别，但应感到的是一种沉甸甸的责任，要有一种唯恐因为自己懈怠，玷污了"高校班主任"、辜负了学校的信任、对不起所带大学生期待的如履薄冰之感。

迎着问题来，向着问题进。要做"行动派"和"实干家"，努力者出众，懒惰者出局。作为班主任，随着年岁的增加，可能会有松懈的心理，有了凭经验就可以带好班级的那份自信，甚至产生了一丝腻烦的糟糕状态。老班主任偶尔出现上述现象，不足为怪，但须尽快调整状态，以饱满的工作热情去面对朝气蓬勃的班级学生。应牢记自己的身份，感恩自己的岗位给自身带来的物质利益特别是精神享受。要有唐代著名诗人白居易在《观刈麦》的深层次认识："今我何功德，曾不事农桑。吏禄三百石，岁晏有余粮。念此私自愧，尽日不能忘。"

　　这里给班主任们分享梅贻琦先生早年的故事，大家可以认真思考，以他为榜样，向他学习和看齐，永远保持不懈怠的状态。梅贻琦初入清华教书，半年后的暑假里回到天津去见张伯苓，表示他对教书没什么兴趣，想换个工作。张伯苓说："你才教了半年书就不愿意干了，怎么知道没兴趣？青年人要能够忍耐，回去教书！"梅贻琦遵从老师的教诲，继续回到清华任教，踏踏实实教学，延续了与清华一生的情缘。在梅贻琦 1931 年任清华大学校长前，二十多位校长平均每位任期不满两年，长的三五年，短的一两年，甚至只有几个月，而梅贻琦一直到 1948 年才离开清华园，当了十七年校长，加上担任教员、教授和教务长等职的时间，一生为清华服务四十七年。

　　通过思考梅贻琦校长的故事，亦应转变自己作为老班主任对待学生的思维方法，对老班主任来说，每三年或者四年迎接一级新生、送别一届老生都是重复性动作，但对一个个学生来说，他们经历的都是第一次，我们的工作态度和办事艺术可能会影响他们的一生。笔者总结出四句带学生的准则："学生有痛痒我着急，学生有委屈我内疚，学生有进步我高兴，学生有困难我解忧。"同样做班主任工作，为什么有的同志工作能力提高得快，有的同志却提高得慢呢？因素当然有很多方面，其中很重要的一条因素，就是是否注意不断总结工作，吸取经验教训。

## 第三节　做党和人民满意的班主任

班主任上接学校及各级上级部门"天线"，下接班里几十个学生"地气"，在班级管理中发挥着很大的基础性作用。班主任的工作是良心活儿，面对的是一个个独一无二、潜力无限并寄希望于通过大学的积累找到满意工作的鲜活个体，人人都是无穷的小宇宙，蕴藏着巨大的潜能。激励、唤醒、鼓舞大学生，是班主任的使命和职业愿景，做到咬定"学生"不放松，任尔东西南北风。当班主任，要把自己的工作轨迹牢牢嵌入为学生服务的中轴线上，就一个育人的初心和愿望：让每一个学生学得更快乐，让每一个学生的潜能得到最好的发挥，让每一个学生的未来有更幸福的生活。这就需要班主任适应青年特点，实现青年大学生工作"青年化"，为提高大学生对世界和社会的认知与掌握本领而做好服务。

高校班主任要时时自省，叩问自己对教育的节奏把握得怎么样。人不能停留在过去的功劳簿上停滞不前，做班主任工作，需要与时代同步，关注青年大学生在他的年龄段的兴趣和爱好，一刻也不能停止学习、思考和创新。班主任工作太容易把我们雕琢得墨守成规了，所以，要敢于突破自己、挑战自己，敢于结合所带班级学生的新特点，不断调整自己的工作模式，对大学生起到很好的效果。班主任老师这样去敢闯敢试，有时会感到些许痛苦，但这种感觉一定是短暂的。习近平同志曾寄语："干工作都要担一定风险，尤其是想创一番事业的有志气的人，要取得成绩，不可能太太平平、轻而易举、唾手可得。要有敢于牺牲、不畏艰险、不怕犯错误的冒险精神，该豁出去的时候不能犹豫。"①班主任要给学生在为人处世方面一碗水，自己能没有一桶水甚至一潭水？班主任要让学生明明白白地向上成长，以其昏昏使人昭昭行吗？职务不能给人以智慧，班主任不是自封的，不通过努力提高自己，成为行家里手，断然做不好班主任工作，带不出有前途的大学生，甚至会误人子弟。我们要谨记这一点，当班主任，不管环境怎么变化，学习、实践永不敢懈怠。同时，班主任对所带的大学生要怀有一腔感恩之情；对自己担任班主任工作，要怀有一颗敬畏之心；对自己德才的修炼，要有一种永不自足的追求。

培养出好学生，是班主任最大的光荣。如果说大学生是高校班主任的勋章，那么培养出越多的好学生，他的胸前一定异常光耀，当然这要求班主任必须有着超过常人的吃苦精神。高校里班级是最小的治理单元，高校班主任是每个班级的"全方位向导"。仅凭这些，作为班主任就应该明白，对自己所管理服务的班级怀有一颗敬畏之心，那太重要了。如果没有一颗这样的心，而是把班主任工作当成评职称、赚好处的工具，不带着"责任感"和"爱心"贯穿其中，则不是全身心地投入班主任工作，是偷奸耍滑的表现，属于不称职。

激发成就感和责任感，使之珍惜荣誉，再立新功。几乎每所高校都会在每年度对学校的优秀班主任或者优秀教育工作者予以表彰。没有获得的，应该向榜样看齐，争取获得校级、省级乃至国家级优秀班主任或者优秀教育工作者。若没有"敢为人先，争创一流"的大志，岂有优秀班主任的荣誉？所以，人，仍然是成功的关键。昨天，今天，明天……人才都是第一位的资源。乔布斯曾说过这样一句名言："过去我认为一个重要的人，有用的人，优秀的人，能顶两个平庸的人才，

---

① 本书编写组：《习近平与大学生朋友们》，中国青年出版社，2020，第37页。

但后来我发现我错了，一个优秀的人是能顶 50 个人才的。"一名优秀的班主任，相比平庸的班主任来说，所培养出的有利于国家、民族和社会的得意门生数量要多得多。

# 第三章　注重自身师德师风建设

在中国，衡量一个人一生最大的成功，建功立业、著书立说和获得富贵荣华固然重要，但不是第一位的，拥有高尚的品德，影响身边的人，才算最大的成功。高校班主任应永远心中有师德师风之戒，时刻在头顶高悬"达摩克利斯之剑"，塑造自身高尚的师德。高校班主任的师德师风决定育人观念、育人态度和育人实践。做一名高校班主任，自身的生理岁数在不断增加，但自己所服务的青年大学生却永远是20岁左右，要有一种"班主任永远是年轻"的青春心态，和孩子们相处，少一些威严，多一些随和的形象。由于高校班主任的身份使然，个人的工作状态、教育水平、服务能力一定程度上关乎到国家未来的社会主义建设者和接班人的综合水平，理应始终以炽热浓烈的情怀，服务青年大学生的初心、勇立潮头的胆识、甘挑险重的担当，成为深受班里大学生喜欢的"金点子班主任"和被当成自己人、信得过、靠得住、离不开的"老班"。《礼记·文王世子》中有"师也者，教之以事而喻诸德者也"。《论语》亦有言："其身正，不令而行。"这两句教导，意思是说作为一个老师，要注重德才兼备，不仅要授学生"谋事之才"，更要传学生"立世之德"，而传德尤为重要，如此，方能以上率下。

# 第一节　经常学习领会，慎独自省

班主任教师在服务大学生时情怀要深，说起来容易做起来难。使命、价值观决定了行为，决定了能不能做下去。当班主任，需要具备诸多素质，其中最重要的一点是对学生深深的"爱"。这也是主动学习领会和始终慎独自省的源动力。

**1. 学习习近平总书记重要讲话精神**

习近平总书记高度重视师德师风建设，指出"评价教师队伍素质的第一标准应该是师德师风"[①]。教师思想政治状况和师德水平决定着人才培养的质量，关系着国家和民族的未来。在教师队伍建设中，要把提高教师思想政治素质和职业道德水平摆在首要位置，把社会主义核心价值观贯穿教书育人全过程，突出全员全方位全过程师德养成，推动教师成为先进思想文化的传播者、党执政的坚定支持者、学生健康成长的指导者。[②]

习近平总书记语重心长地指出，"要加强师德师风建设，坚持教书和育人相统一，坚持言传和身教相统一，坚持潜心问道和关注社会相统一，坚持学术自由和学术规范相统一，引导广大教师以德立身、以德立学、以德施教。"[③]

习近平总书记强调，教师是品行之师。"一个老师如果在是非、曲直、善恶、义利、得失等方面老出问题，怎么能担起立德树人的责

---

①习近平：《在北京大学师生座谈会上的讲话》，人民出版社，2018，第9页。
②本书编写组：《习近平总书记教育重要论述讲义》，高等教育出版社，2020，第216页。
③习近平：《习近平谈治国理政（第二卷）》，外文出版社，2017，第379页。

任？广大教师必须率先垂范、以身作则，引导和帮助学生把握好人生方向，特别是引导和帮助青少年学生扣好人生的第一粒扣子。"[1]

习近平总书记指出："老师对学生的影响，离不开老师的学识和能力，更离不开老师为人处世、于国于民、于公于私所持的价值观。""教师的职业特性决定了教师必须是道德高尚的人群。合格的教师首先应该是道德的合格者，好老师首先应该是以德施教、以德立身的楷模。教师是学生道德修养的镜子。"[2]

习近平总书记强调："师德需要教育培养，更需要教师自我修养。做一个高尚的人、纯粹的人、脱离了低级趣味的人，应该是每一个老师的不懈追求和行为常态。好老师要有'捧着一颗心来，不带半根草去'的奉献精神，自觉坚守精神家园、坚守人格底线，带头弘扬社会主义道德和中华传统美德，以自己的模范行为影响和带动学生。"[3]

习近平总书记指出："好老师的道德情操最终要体现到对所从事职业的忠诚和热爱上来。有了为事业奋斗的志向，才能在老师这个岗位上干得有滋有味，干出好成绩。如果身在学校却心在商场或心在官场，在金钱、物欲、名利同人格的较量中把握不住自己，那是当不好老师的。"[4]

习近平总书记强调："做老师，最好的回报是学生成人成才，桃李满天下。想想无数孩子在自己的教育下学到知识、学会做人、事业

①习近平：《做党和人民满意的好老师——同北京师范大学师生代表座谈时的讲话》，人民出版社，2014，第6页。

②本书编写组：《习近平总书记教育重要论述讲义》，高等教育出版社，2020，第210页。

③习近平：《做党和人民满意的好老师——同北京师范大学师生代表座谈时的讲话》，人民出版社，2014，第7页。

④本书编写组：《习近平总书记教育重要论述讲义》，高等教育出版社，2020，第211—212页。

有成、生活幸福，那是何等让人舒心、让人骄傲的成就。"①

**2. 学习和掌握各文件和案例**

各类文件精神和曝光出来的反面案例，深刻表明"把师德师风作为评价教师队伍素质的第一标准"。高校班主任应反复学习《教育部关于加强高等学校辅导员班主任队伍建设的意见》，该文件主要从"加强辅导员、班主任队伍建设的重要意义""认真做好辅导员、班主任队伍的选聘配备工作""大力加强辅导员、班主任队伍的培养培训工作""切实为辅导员、班主任工作和发展提供政策保障"四个大的方面予以明确规定，提供政策保障。

教育部印发的《新时代高校教师职业行为十项准则》全文如下：

教师是人类灵魂的工程师，是人类文明的传承者。长期以来，广大教师贯彻党的教育方针，教书育人，呕心沥血，默默奉献，为国家发展和民族振兴作出了重大贡献。新时代对广大教师落实立德树人根本任务提出新的更高要求，为进一步增强教师的责任感、使命感、荣誉感，规范职业行为，明确师德底线，引导广大教师努力成为有理想信念、有道德情操、有扎实学识、有仁爱之心的好老师，着力培养德智体美劳全面发展的社会主义建设者和接班人，特制定以下准则。

一、坚定政治方向。坚持以习近平新时代中国特色社会主义思想为指导，拥护中国共产党的领导，贯彻党的教育方针；不得在教育教学活动中及其他场合有损害党中央权威、违背党的路线方针政策的言行。

二、自觉爱国守法。忠于祖国，忠于人民，恪守宪法原则，遵守法律法规，依法履行教师职责；不得损害国家利益、社会公共利益，

---

①习近平:《做党和人民满意的好老师——同北京师范大学师生代表座谈时的讲话》，人民出版社,2014,第8页。

或违背社会公序良俗。

三、传播优秀文化。带头践行社会主义核心价值观，弘扬真善美，传递正能量；不得通过课堂、论坛、讲座、信息网络及其他渠道发表、转发错误观点，或编造散布虚假信息、不良信息。

四、潜心教书育人。落实立德树人根本任务，遵循教育规律和学生成长规律，因材施教，教学相长；不得违反教学纪律，敷衍教学，或擅自从事影响教育教学本职工作的兼职兼薪行为。

五、关心爱护学生。严慈相济，诲人不倦，真心关爱学生，严格要求学生，做学生良师益友；不得要求学生从事与教学、科研、社会服务无关的事宜。

六、坚持言行雅正。为人师表，以身作则，举止文明，作风正派，自重自爱；不得与学生发生任何不正当关系，严禁任何形式的猥亵、性骚扰行为。

七、遵守学术规范。严谨治学，力戒浮躁，潜心问道，勇于探索，坚守学术良知，反对学术不端；不得抄袭剽窃、篡改侵吞他人学术成果，或滥用学术资源和学术影响。

八、秉持公平诚信。坚持原则，处事公道，光明磊落，为人正直；不得在招生、考试、推优、保研、就业及绩效考核、岗位聘用、职称评聘、评优评奖等工作中徇私舞弊、弄虚作假。

九、坚守廉洁自律。严于律己，清廉从教；不得索要、收受学生及家长财物，不得参加由学生及家长付费的宴请、旅游、娱乐休闲等活动，或利用家长资源谋取私利。

十、积极奉献社会。履行社会责任，贡献聪明才智，树立正确义利观；不得假公济私，擅自利用学校名义或校名、校徽、专利、场所等资源谋取个人利益。

按照《教育部关于在教育系统开展师德专题教育的通知》精神，应主要做到以下三点。一是开展师德优秀典型先进事迹宣传学习。持续选树宣传教师优秀典型。深入学习"人民教育家"、"时代楷模"、教书育人楷模、最美教师、优秀教师、模范教师的先进事迹，深入寻找挖掘并广泛宣传学习教育世家感人事迹。组织受表彰的教师先进典型等深入本地本校教师中进行事迹宣讲，作师德专题报告，开展交流座谈等，面向广大教师生动讲好师德故事，用身边的榜样传递师德的力量。同时，通过组织教师观看优秀典型事迹纪录片和以优秀教师为原型创作的影视剧，如《黄大年》《李保国》《一生只为一事来》等，激励广大教师见贤思齐，引导广大教师从"被感动"到"见行动"，在教育系统掀起争做"四有"好老师的热潮。二是引导教师学习践行新时代师德规范。组织各级各类高校教师强化学习《新时代高校教师职业行为十项准则》，结合各地各校制定的教师职业行为负面清单和教师师德失范行为处理办法等文件，组织专家学者、高校二级学院（系）主要负责人在教师中开展准则的宣传解读和贯彻落实，帮助广大教师全面理解和准确把握准则内容，做到全员全覆盖、应知应会、必会必做。严格督促各级各类学校将学习准则作为必修内容，全面纳入新教师入职培训和在职教师日常培训，抓实学习督导和效果测评，确保每位教师知准则、守底线。三是集中开展师德警示教育。各地各校定期组织教师召开师德警示教育大会，高校可结合实际由各二级学院（系）组织，以教育部网站公开曝光的违反教师职业行为十项准则典型案例为反面教材，分类介绍师德违规问题和处理结果，引导教师以案为鉴；结合师德违规问题对照新时代教师职业行为十项准则强调课堂教学、关爱学生、师生关系、学术研究、社会活动等方面的正面规范和负面清单，引导教师以案明纪；学校、学院（系）出现师德违规问题的，要在会上详细通报师德违规问题及处理结果，组织教师讨论剖析原因、对照查摆自省，做到警钟长鸣。

高校班主任须熟悉掌握上级权威文件精神主旨，作为做好高校班主任工作的"指南针"和"灯塔"，这种工作方式较为科学和管用。

截至 2023 年上半年，教育部共公开曝光了十二批违反教师职业行为十项准则典型案例，每一批曝光案例的施害人都有高校的教职工。以下案例均来源教育部通报的违反《新时代高校教师职业行为十项准则》典型案例，限于篇幅，笔者没有完全罗列每一起案例。

（1）某高校教师郭某不正当关系问题。2019 年 8 月，郭某在婚姻关系存续期间，多次与他人发生不正当性关系，造成了严重不良影响。郭某的行为违反了《新时代高校教师职业行为十项准则》第二项规定。根据《教育部关于高校教师师德失范行为处理的指导意见》等相关规定，给予郭某开除党籍、降低岗位等级处分，并解除聘用合同。

（2）某高校教师陈某某性侵学生问题。2020 年 8 月，陈某某私自召集学生到其家中饮酒，一名女学生醉酒后遭陈某某性侵。陈某某的行为违反了《新时代高校教师职业行为十项准则》第二、六项规定。根据《中国共产党纪律处分条例》《教育部关于高校教师师德失范行为处理的指导意见》等相关规定，给予陈某某开除党籍、开除公职处分，待司法机关对其犯罪行为作出判决后，其教师资格将依法丧失，注销并收缴其教师资格证书，终身不得重新申请认定教师资格。

（3）某高校教师刘某某私自收取并侵占学生费用问题。刘某某利用担任学院学工办副主任、辅导员、班主任等职务便利，通过支付宝和微信转账方式，私自收取并侵占学生学杂费和班费共计 77 万余元。学校将刘某某案件移送公安机关立案侦查，公安机关对刘某某执行刑事拘留。刘某某的行为违反了《新时代高校教师职业行为十项准则》第二、第九项规定。根据《中国共产党纪律处分条例》《教育部关于高校教师师德失范行为处理的指导意见》，给予刘某某开除党籍、免职等处分，根据司法机关对其涉嫌犯罪问题的处理结论，依法依规给予进一步处理。

（4）某高校教师王某某多次性骚扰学生问题。2019 年，王某某屡次言语骚扰在校学生，并通过微信等方式向多名学生发送性暗示词汇和图片，情节严重，影响恶劣。王某某的行为违反了《新时代高校教师职业行为十项准则》第六项规定。根据《教育部关于高校教师师德失范行为处理的指导意见》等相关规定，给予王某某开除处分，并撤销教师资格，收缴教师资格证书，将其列入教师资格限制库；对该教师所在的二级学院党政负责人进行约谈和批评教育。

（5）某高校教师刘某与学生发生不正当关系问题。2016 年以来，刘某利用教师身份，与一女学生交往并发生不正当关系，造成严重不良社会影响，其行为构成强制猥亵罪，被判处有期徒刑 2 年 6 个月。刘某的行为违反了《新时代高校教师职业行为十项准则》第六项规定。根据《事业单位工作人员处分暂行规定》等相关规定，给予刘某解聘处理；刘某依法丧失教师资格，终身不得从教。责令学校党委做出深刻检查，对学校领导班子进行集体诫勉谈话和经济处罚；责令学校党委副书记、纪委书记和涉事教师所在二级单位负责人做出深刻检查；对涉事教师所在二级单位负责人进行诫勉谈话，并扣罚绩效工资。

（6）某高校教师张某某要求学生从事与教学、科研、社会服务无关的事宜问题。2019 年，张某某多次要求研究生为其担任法定代表人的公司从事运送货物、分装溶剂、担任客服、处理财务等工作，且在日常指导学生过程中方式方法不当、简单粗暴，有辱骂侮辱学生的言行。张某某的行为严重违反了《新时代高校教师职业行为十项准则》第五项规定。根据《教师资格条例》《教育部关于高校教师师德失范行为处理的指导意见》等相关规定，给予张某某取消研究生导师资格、撤销专业技术职务、解除人事聘用合同的处理；撤销其教师资格，收缴教师资格证书，将其列入教师资格限制库，5年内不得重新取得教师资格。

以上是客观发生的极少数高校的师德失范案例，这些案件距我们并不遥远，应该引起我们的高度重视。前车之覆，后车之鉴。高校班主任务必要引以为戒，以反面教材警示自己，时刻保持政治上的清醒和立场上的坚定，在思想上政治上行动上同以习近平同志为核心的党中央保持高度一致，自觉承担起塑造灵魂、塑造生命、塑造新人的时代重任，不断强化自我教育，坚守精神家园，以自己的模范行为影响和带动学生，做学生锤炼品格、学习知识、创新思维、奉献祖国的引路人！

### 3. 反复提醒自己，时时不敢忘师德

"师者，人之模范也"，师者为师亦为范。在学生眼里，老师"吐辞为经、举足为法"，一言一行都给学生以极大影响，教师思想政治状况具有很强的示范性。教师在道德生活中的任何瑕疵，都会对学生的道德成长产生错误的影响；教师在价值观方面的偏颇，也会直接影响到学生内心正确价值信念的形成。学生对于教师不仅是听其言，更观其行，教师在学生眼中是为人的模范。因此，教师要取乎其上、见贤思齐，不断提高道德修养，提升人生品质，为学生树立榜样。[①]

事物的性质取决于主要矛盾和矛盾的主要方面；事物发展变化是由内外因决定，内因是变化的根据，外因是变化的条件，外因通过内因才能起作用。要多从内因着眼、着手、着力，找准症结就有的放矢、对症下药。班主任的"内功"和适应能力很重要。育人者必先律己。俗话说，打铁必须自身硬。手握金刚钻，敢揽瓷器活。教师自我修养

---

①本书编写组：《习近平总书记教育重要论述讲义》，高等教育出版社，2020，第210—211页。

的提高还需要在行动中去磨砺，做到知行统一。要在日常言行中"三省吾身"，自觉坚守伦理底线，见贤思齐、景行行止，只有这样，才能体会和展示道德的魅力，引领学生把握好人生方向。

## 第二节　注重言行，发挥示范效应

道德情操，是好老师践行教育使命的重要品质。好老师的道德情操，需要在自我修养中不断提升。教师个人的范例，对于青年人，是任何东西都不能代替的最有效的榜样。作为班主任，由于和班里学生接触比较密切，班主任对待学习的态度，对待他人（特别是面对上级、同事、学生三类群体时）的态度，对待自己主业工作的态度怎么样，是"行胜于言"还是"言语上的巨人，行动上的矮子"……班主任的这些表现都会很大程度上影响教育引导的效果。一流的班主任靠样子带学生，二流的班主任靠嘴巴带学生，班主任应该用模范的言行举止为学生树立榜样，用高尚的人格魅力引领学生的心灵，努力成为塑造学生品格、品行、品味的"大先生"。

"教，上所施，下所效也。"班主任的一言一行都会对所带班级学生的人生观和为人处世方式产生重要影响。牢记"学高为师，身正为范"的格言，学高就是要掌握较高深的学识，身正就是行得端走得正。"喊破嗓子，不如做出样子。"有的班主任之所以在学生面前威信高、影响力大，其中一个重要方面就是自身模范作用好、人格魅力强。如果班主任说的一套，做的一套，对人一套，对己一套，怎么可能让人信服，跟着来做呢？教育引导行动怎么会有影响力和号召力？

## 第三节 总结日常交往正确方法

党的二十大报告指出："必须坚持系统观念。万事万物是相互联系、相互依存的。只有用普遍联系的、全面系统的、发展变化的观点观察事物，才能把握事物发展规律。"[①] 高校班主任与班里的学生交往交流，必须在系统观念的基础上有科学思维、科学素养和科学方法。与班里学生相处，既要"打成一片"，又要"注意节点"，特别是在与异性同学交往时，必须绷紧弦，做事稳重，一方面不能有不合宜之处，另一方面在为人处事方面要得体，给学生树立榜样。另外，高校班主任在物质层面不能贪图便宜，坚决做到既不主动索要，也要坚决抵制学生或其家长主动送上来的礼物。否则，将会口碑不佳，作风不正。日积月累，会在错误的路上越走越远，"量变到质变"，将受到党纪国法的严惩。

### 1. 注意时间

与学生面对面交谈交流的时间段，尽量选择在工作时间。不能在夜深人静的时候，用手机微信、QQ 主动与学生交流，这样不合适，也没有必要。除非学生有抑郁甚至寻短见的可能，主动联系班主任交流时。避免在晚上主动与学生交流，毕竟这个时间属于个人时间，可以约到第二天合适的时间交谈。

### 2. 注意场合

《旧唐书·柳公权传》有言："瓜李之嫌，何以户晓？"与学生交流

---

① 习近平：《高举中国特色社会主义伟大旗帜 为全面建设社会主义现代化国家而团结奋斗——在中国共产党第二十次全国代表大会上的报告》，人民出版社，2022，第 20 页。

谈心，最好在办公室交谈，交谈时一定要开着门，在办公室谈心谈话的时间段也不要太晚。当然，若没有单独办公室的班主任，若不方便时也可以在教室、食堂、宿舍等地方开展谈心工作，在宿舍时，仅限于同性之间，异性宿舍绝不是单独谈心谈话的场所。不建议带学生到家里谈心谈话，毕竟谈心谈话工作没有到不能晚一天的紧迫时候，若一时忙，可以选择忙完后在学校碰面。

### 3. 注意身份

要时刻牢记自己是一名班主任，是育人的骨干，绝大多数高校班主任还有"党员"这一重身份，所以，班主任要尤其注重自己是"大学思政工作者"的身份，时刻不敢忘记。唯有牢记自己的身份，不忘自己的神圣使命，就不会在"贪学生钱""图学生色"等坏的行为方面跌跟头。

总之，高校班主任在与学生交往时，应把握"关心关爱无度，交往交流有法，师德师风无犯"这个大的原则。在具体操作中更是要符合常识和逻辑，"事出反常必有妖"。只要有可能说不清楚的，可能有闲话的，存在不合时宜的，都不要出现。做一个堂堂正正、老老实实、清清白白、本本分分的班主任。

# 第四章 教育和引导大学生学习要好

在校大学生风华正茂，哪个不期望有一个美好的大学生活？北宋文学家、史学家欧阳修说："立身以立学为先，立学以读书为本"。学习是立身之本，学习力是万力之源。"人不学，不知义。"《勤学》里有言："学向勤中得，萤窗万卷书。"在履职带班的每一天，都要为了"班级将创造未来奇迹和光荣"而有所作为，团结带领班里学生实现班级有新的发展、学生有新的进步目标。

大学最可贵的地方是助人成长成才。学校、班级浓浓的家庭氛围，纯粹的同窗情谊，让大学生每天充满阳光和正能量。"学习要好"，包括下面两章提到的"生活要好""身体要好"，作为一种好的状态，并不是与生俱来的，而是大学生通过努力获得的。也就是说，"学习要好""生活要好""身体要好"是有条件的，达到这种好状态需要具备或满足一定的条件，包括主观条件和客观条件。

## 第一节 提高独立学习能力

事实证明，没有任何一种力量比学习更强大。中小学的学习是打基础的阶段，大学阶段的学习则是理性拔高和突出实践性的学习。大学生的天职是学习，这里的"学习"可以作广义上的理解，无论是做事，还是做人，都要勤奋学习，勤学是大学生成长进步的阶梯，扎扎实实、认认真真地思考自己遇到的每门功课，才能真正做好当下的学习，进而做好未来的工作。在人生关键的几年，大学生仍要坚持学习科学文化知识，进一步开阔自己的视野，"学如弓弩，才如箭镞。识以领之，方能中鹄。"绝不是到了大学就彻底放松，完全懈怠了。靠考试之前的临时突击，千方百计找捷径取得的学位证和毕业证，只是意味着找工作时有张"入场券"，但不代表着就可以很好地获得工作的主动性，取得实效。路漫长而崎岖兮，吾努力思而求证。勤奋的大学生，学习时没有依赖心理。一如既往地知学好学乐学，既独享学习乐趣，又共享学习心得，和同学们一起在新时代的大学校园努力学习、快乐生活、成长成才。奋斗者，正青春。远飞者当换其新羽，善筑者先清其旧基。

孔子曾说："学而不思则罔，思而不学则殆。"这句圣人训到今天都是完全正确的。在校大学生的学习应立足大学阶段的实际情况，与其多花精力死记硬背一些东西，不如把自己的主要精力花在训练自己的创造力上，培养自己分析问题和解决问题的能力上，这样就会立于不败之地。这样的能力，什么时候也不会过时，就像拥有了一把打开科学知识殿堂的万能钥匙。

自信的大学生，耻于依靠别人学习知识。相信自己，是促进自己独立学习的主要方式。在大学生阶段，在正确的愿景指导下，或者说在神圣使命的压力下，大学生不能再被动或者习惯于被班主任督促才去学习。认识到学习是成年大学生自己的事情，明确这一点后，只要经常性地检查自己的学习动力、学习习惯是否符合目标，不符合的下次改正，这样的话，大学生就会激励自己，勇往直前。让自己习惯于独立地学习，主动地、较好地完成自己的学业。"牢骚太盛防肠断，风物长宜放眼量"，面对独立学习的特征，青年大学生对于面对的一些惰性和困难，要采取积极进取态度，向前看，发牢骚是于事无补的，因为在发牢骚过程中，我们流逝了时间，丧失了机遇，影响了发展。

著名学者王国维论述治学有三种境界：一是"昨夜西风凋碧树，独上高楼，望尽天涯路"，二是"衣带渐宽终不悔，为伊消得人憔悴"三是"众里寻他千百度，蓦然回首，那人却在灯火阑珊处"。对于在校大学生来说，每一个不曾奋斗的日子，都是对生命的辜负，更是"温水煮青蛙式"失去实现自己人生理想的机会。

青年大学生学习理论也要有这三种境界。首先，理论学习上要有"望尽天涯路"那样志存高远的追求，耐得住"昨夜西风凋碧树"的清冷和"独上高楼"的寂寞，静下心来通读苦读。其次，理论学习上要勤奋努力，刻苦钻研，舍得付出，百折不挠，下真功夫、苦功夫、细功夫，即使"衣带渐宽"也"终不悔"，"人憔悴"也心甘情愿。再次，理论学习贵在独立思考，学用结合，学有所悟，用有所得，要在学习和实践中"众里寻他千百度"，最终"蓦然回首"，在"灯火阑珊处"领悟真谛。只有这样，才能做到带头学、深入学、持久学，成为勤奋学习、善于思考的模范，解放思想、与时俱进的模范，学以致用、用有所成的模范。

《孟子·离娄下》中提到"盈科而后进"。班主任要使大学生有一种"学习是最有价值、最能体验快乐和幸福"的理念。在校大学生在学习时应长期坚持，全心投入，不要轻易放弃。世界上最小的国家之一瑙鲁有这样一句富含哲理的话：一滴水穷其一生，造就了海洋。爱因斯坦给孩子谈学习秘诀时说："当你快乐地做某件事而你却未发现时间流逝时，这就是学习最多的时候。"其实，学习负担的轻和重，往往不是以学习时间长短和强度大小来判断，而是以学习时情绪的好坏来衡量的。快乐地学习往往不觉时间流逝，不快乐地学习则度日如年。

真正的学习是不停地奋斗来克服不可避免的困难。好学者不忘所学过的东西，每天都学习他所缺失的，因以严肃的态度对待生活。这条路是不容易的："可与共学，未可与适道，可与适道，未可与立，可与立，未可与权。"（《子罕》第九）因此青年大学生学习时，要"学如不及，犹恐失之。"（《泰伯》第八）

鼓励也好，给予多次谈心谈话也罢，这些手段对于大学生而言都属于外因。外因是事物发展的外部条件，是第二位的原因。内因是事物发展的根据，是第一位的原因。要激发青年大学生真正认识到，不努力过好每一天的大学学习和生活，就对不起自己的父母双亲。自然而然地坚持自我教育，怀着不愧对父母、立志成才、报效国家的宏愿去认真对待大学阶段的学习和实践。把自身生命的门和窗户打开，遥望自己生命的多彩和广阔。主动地学习和被迫地把学习当成一种技能的学习方式，那是完全不一样的，主动学习是有效应对未来的"焦虑"和"内卷"的最好的办法。

## 第二节　上好专业课公共课

青年大学生在学校里关键要掌握学习方法，注重专业知识外的文科类知识学习，拓宽视野，提升为人处世能力。一定程度上讲，存在着这样一部分大学生，学习态度不认真，学习方法滞后，学专业课不肯动手去实践，学理论不可动脑去思考。鲁迅先生说："应做的功课已完而有余暇，大可以看看各样的书，即使和本业毫不相干的，也要泛览。譬如学理科的，偏看看文学书，学文科的，偏看看科学书，看看别个在那里研究的，究竟是怎么一回事。这样子，对于别人、别事可以有更深的了解。"在校大学生应同时受到科学技术和社会科学的训练，既要上好专业课，提高业务操作能力，也要学好公共课，掌握大量哲学、政治理论、基础文科知识，注重文理科交叉，如此培养出来的人才最容易做出成绩。

鸟欲高飞先振翅，人求上进先读书。读书确实是件很清苦的事情，它需要时间、耗费精力。但读书之乐，在于日后收获，让你保持活力。古人讲，"一日不读书，胸臆无佳想；一月不读书，耳目失精爽"。作为21世纪建设者的主力军，我们要把学习作为一种追求、一种爱好、一种健康的生活方式。正如马未都所说："读书当日苦，事后才觉甜。"要把这个观点反复告知学生，读书的苦是暂时的，生活的苦是持续的。如果不能吃读书的苦，那么就得长期体验生活的苦。

读书是在与古圣前贤超越时空的心灵对话。在对话中，它可以让你知荣辱、明是非、辨善恶、识美丑，在纷繁复杂的社会万象面前眼不迷、心不乱。读书能让你变得宠辱不惊，在遇到人生暴风雨时，不会大悲大喜；在困难挫折面前不沉沦、不沮丧；在顺境成就面前，保持头脑清醒，不膨胀。一个人要成长，就必须读书；一个人要不断地成长，就必须不断地读书。这里的成长，不仅仅是职务上的升迁、仕途上的进步，更重要的是思想上的不断升华、心灵上的不断净化、人格品质上的不断完善。

学好专业课，是一个青年大学生未来能够立足岗位的前期必要准备。针对不同学科背景，可以通过举一些典型例子，让大学生认识到科学知识的力量。

上大学的几年，是大学生学知识、长本事的黄金时期。不同的专业各有不同的必修课和公共课。在知识爆炸的信息时代，需要学习的东西太多了！怎么选择和取舍学习内容，是大学生一道必答的难题。不同的选择，虽然不一定影响分数的高低，却会对人生事业的发展产生深远影响。就笔者的经历和体会来说，大学期间，学习掌握一门专业知识是必须下苦功夫的，而学些公共课也非常必要、大有好处。大学里的公共课主要是马克思主义理论课，这些理论课绝不是心灵鸡汤，属于提高思想觉悟、政治认识和综合素质的刚需。

## 第三节　认真对待校外实习

在今天这个知识爆炸性更新的时代，大学课堂所学的知识，并不一定都是有用的，处于新的知识或与生产实践密切结合的知识才是有价值的。可以请已经毕业的师兄师姐回到母校做报告，告诉师弟师妹实际情况：大学生刚毕业后，一接触到生产实际往往被碰得鼻青脸肿，因为刚毕业的大学生在校学过的东西用不上，需要的东西又没学。怎么样才能做到在工作中"上手快"呢？青年大学生要有一定远见，有战略眼光，把自己的学习多放在未来的目标上，而校外实习是为了更好地学用结合，获得一定的技能，为大学生找到工作和适应社会打下基础。一个人的认知，引导着他的行为，进而决定了他的人生走向。

校外实习是一个大学生逐步掌握和熟悉专业技能实践的重要阶段，校外实习是一个更加系统掌握未来职业特性的学习过程，也是难得的一段尝试工作的机会。它不同于一门课程的实训，也不同于短期的集中实训，它通常在临近毕业前的一学期乃至一学年的岗位实习。注重校外实习的大学生，其实践动手能力和职业能力更有竞争性。班主任要鼓励、支持和引导大学生敢于走出学校，走进企事业单位，在实习时领会掌握岗位职责。青年大学生不应当轻视校外实习的作用，更不应该"身在心不在"，应付校外实习工作。

美国石油大王约翰·D. 洛克菲勒告诫儿子："如果你视工作为一

种乐趣，人生就是天堂；如果你视工作为一种负担，人生就是地狱！"德国的马丁·路德有一句名言："即使世界明天毁灭，我也要在今天种下我的葡萄树。"① 在用中学，学用结合是一种很好的也是见效快的学习方法，它会引导青年大学生学什么，该怎么学，会激发大学生学习的热情、自觉性和创造性。

校外实习，提高认识，主动适应，提高把学到的知识运用到实际操作中的能力。校外实习时，注重扬长避短，这是做好实习的捷径，但扬长的同时还需要补短，这是快速成长的需要。班主任和几乎所有任课老师告诫在校大学生："少壮不努力，老大徒伤悲。"不要书到用时方恨少，但劝归劝，说归说，仍然有个别大学生不用心学习，甚至有的时常偷偷翘课，为什么呢？因为他们对学习的好处，对知识的用途没有切身的感受，因而缺乏自觉性。如果去参加实际操作性的校外实习，或者其他社会活动，他们的感受会发生很大变化。在实习中，他们会遇到一些问题，碰到一些困难，接触许多未知情况，这就激发他们的求知欲和学习热情，再回到学校学习时，他们的学习状态会大为改观。

## 第四节　推荐经典作品工具网站

当今时代是一个信息爆炸的时代，书如山、报如海、刊物如林。古往今来，人们对书籍是这样的定位：书籍是全世界的营养品。要多读书，但并非只单纯追求阅读的数量，而是要真正解决问题。若只追求阅读的数量与速度，不能做到循序渐进，则很可能养成浏览性的阅

①刘士欣:《知行八谈:感悟做人做事做官》,中共中央党校出版社,2018,第7页。

读习惯，就是宋代理学家朱熹说的"看了也似不曾看，不曾看也似看了。"因此，笔者主张由浅入深，读少一点，读慢一点，读精一点。世界这么大，千奇百怪，无所不有，很多东西不知道、不懂得，一点也不奇怪。

一个人的精神发育史，就是他的阅读史。要经常推荐给青年大学生经典的书籍，如：作出突出贡献的先进者的人物传记、先贤前辈经典之作、茅盾文学奖作品、权威出版社的出版物。推荐大学生实用的学习科研工具，如：中国知网，可以搜集需要的学术资料；超星学术网站，可以用来搜集学习视频资料。重点关注和时常推荐所带班级涉及学习专业需要的好的资料库。推荐好网站和平台，使互联网这个最大变量变成学业进步的最大增量。如"学习强国"学习平台，这是由中共中央宣传部主管、立足全体党员、面向全社会的优质平台，内容都是优中选优，且丰富和权威。特别是"五个一工程"优秀奖作品，属于精神大餐。另外，像《开讲啦》电视节目，邀请"中国青年心中的榜样"作为开讲人，栏目定位于中国电视青年公开课，以其"年轻化"和"全媒体"的传播特点受到广泛关注和好评。每期邀请一位嘉宾讲述自己的人生经历，分享他们的人生感悟，正能量满满，给予中国青年现实的讨论和心灵的滋养，为青年大学生指引正确的前行之路。

# 第五章　教育和引导大学生生活要好

在校大学生除了一如既往地完成学习任务外，还要提高生活本领，毕竟在大学，有着充裕的时间提高生活技能，也有着走向社会必须能够独立生活的必要性。

## 第一节　真正"成人"，不做"巨婴"

古希腊哲学家泰勒斯曾辩证地指出："做什么事最容易，向别人提意见最容易；做什么事情最难，管理好自己最难。"要管好自己，大学生首先需要有强大的自控力。大学生到大学后，面对远离父母的现状，需要在摸索中让自己的生活有规划和有序化。路遥所写的《平凡的世界》里有充满着哲理的一段话，"生活不能等待别人来安排，要自己去争取和奋斗，而不论其结果是喜是悲，但可以慰藉的是，你总不枉在这个世上活了一场，有这样的认识，你就会珍重生活，而不会玩世不恭，同时，也会给人自身注入一种强大的内在力量。"

大学生活，好比一个万花筒，让人眼花缭乱；大学生活，不亚于一个复杂的"大课题"，有许许多多需要思考的问题；大学生活，又像一个巨大的五味瓶，酸甜苦辣咸都得尝；大学生活，好比一个大舞台，每一个人都在其中扮演一种角色，有光彩的，有不光彩的。

"美好生活"是习近平新时代中国特色社会主义思想的核心理念之一，它既是对马克思有关美好生活逻辑的继承，又在观点和方法论上有所创新。2012年11月，习近平总书记在中国共产党十八届政治局常委首次与中外记者的见面会上便开宗明义地指出："人民对美好生活的向往，就是我们的奋斗目标。""00后"已经成为高校大学生的主体，他们在大学阶段的学习和生活怎么样，是我国人民实现"美好生活"的一部分。

在心理学上，有一种效应叫12秒效应。意思是指人被某件事情引起暴怒的时间只有12秒，过了这段时间人会恢复往日的平静。可惜的是，大多数人会被这12秒控制，说出或做出后悔的事。人生路上，我们遇到最大的敌人，就是自己的坏情绪。而一个人最了不起的能力，就是情绪稳定。学会控制自己的情绪，做人生的强者，将生活中的负面情绪及时消化掉，是将幸福感门槛降低的必然要求。与其事后悔恨无限，不如事先控制住自己的情绪。人生不如意的事十有八九，悲伤、失望、嫉妒、恐惧、烦躁、不安等常常会不期而遇。问题在于怎么对待和如何排解。应转变思维方式，将人生不如意的境遇看作生活的挑战，当作人生的历练，有越是艰险越向前的勇气，积极主动地战胜、攻克它，抑或抓住机遇将劣势转化为优势，从而改变人生的命运。应该学会自我克制，如同人们常常梳洗打扮一番才去见人一样，适时将负面情绪抑制起来，带着一脸快乐面对多姿多彩的生活。丢掉坏情绪，打开心窗，让阳光照进来，你就会越来越快乐。不管遇到什么事，也要努力使自己胸怀和格局大一点，久而久之，负面情绪也会远离。

俗话讲，一个人，把脾气拿出来，那叫本能；把脾气压下去，那叫本事。学会控制脾气很重要，做到心理健康，心中充满阳光。好情绪也是生产力，它使人更随和，朋友圈更大。有时心里很敏感，感受到别人看不起自己时，会很反感他，觉得太欺负人了。作为一个要强的大学生，作为正常人，被人瞧不起，的确让人难过。但"生气不如争气"，"不蒸馒头争口气"才是唯一正确有效的做法，把坏事变成好事，促进自己加快进步。决不能依靠争吵甚至打架来争取到尊严。客观上讲，争吵打架也违反了校规校纪，更严重的话，有可能涉及国家法律法规。心态调整好之后办法就是决定因素，而实践是检验真理的唯一标准。性情一变，便是晴天。心态一转，明灯一盏。

在校大学生要辩证看待网络上一些负面信息。以美国为首的西方国家利用互联网等新型媒体，与我们抢占思想文化新阵地。在国际互联网的信息流量中，有超过 2/3 来自美国，负责控制互联网流量的世界 13 台根服务器中有 10 台都在美国。美国实际上充当着全球互联网信息高速公路的警察，只让符合美国价值观的东西上路。①

我们不能掉以轻心，必须牢牢把握互联网这一阵地。要向青年大学生讲清楚民主问题的实质，过去，班主任确实澄清了不少模糊认识，但离"讲清楚"的要求还相去甚远。党的二十大报告提出"发展全过程人民民主是社会主义民主政治的本质属性，是最广泛、最真实、最管用的民主。"②需要班主任先学一步，为班里学生讲清讲透。

做好新时代互联网内容建设与管理工作，是顺应信息化变革的必然要求，是党的意识形态工作的重中之重。坚持正能量是总要求，管得住是硬道理，用得好是真本事，提高用网治网水平，加强互联网内容建设，促进文化繁荣发展，建立网络综合治理体系，营造风清气正的网络空间。严格落实网络意识形态工作责任制，维护网络意识形态

①李慎明:《对习近平总书记所讲社会主义的体悟——科学社会主义理论与实践、机遇与挑战》，中国社会科学出版社，2014，第98—99页。
②习近平:《高举中国特色社会主义伟大旗帜　为全面建设社会主义现代化国家而团结奋斗——在中国共产党第二十次全国代表大会上的报告》，人民出版社，2022，第37页。

安全和网络主权、安全、发展利益，使互联网这个最大变量变成事业发展的最大增量。党的二十大报告中的这句"网络生态持续向好，意识形态领域形势发生全局性、根本性转变"①很好地注释了这十年来我们在互联网内容建设和管理工作的成效。

独立生活，第一步是要统筹用好家里给的生活费。家里经济条件富有的，虽然没有"月月光"的压力，但仍要注意勤俭节约，这是中华民族的美德，对待物质消费，我们有权消费，但无权浪费。其余大学生更要量力消费，不能一个月或者一学期的生活费，不到时间就全花完了。引导大学生节约消费的好方法：一是缓一缓，对于想买的金额较大的东西，暂缓一两天，待两天后会有比较正确的决定；二是躲一躲，对于高频次的聚餐、娱乐或者还起来很困难的人情账，就要躲一躲，不要"一时高消费，后期很烦心"。

教育大学生充分认识到：怕吃苦是一个人的恶果之源，必要的吃苦是磨炼自己意志和品行的"催化剂"，吃苦是人生的财富。艰苦的磨炼是成才的极好途径。《颜氏家训·勉学篇》说："有志尚者，遂能磨砺，以就素业。"②生活中，再好的钢材铸成的刀剑，不经打磨，也终因开不了刃而不能锋利；历史和现实中，无数英才都是艰苦环境甚至逆境磨炼而成的，如果没有"千磨万击还坚劲"的精神，许多人间奇迹就不会出现。如被拘而作《周易》的周公，厄运而著《春秋》的孔子，被逐乃赋《离骚》的屈原，《钢铁是怎样炼成的》一书中的保尔，当代青年的楷模张海迪，写作《极限人生》的朱彦夫等，都以非凡的毅力经受着磨炼，奏出了生命的最强音。正如巴尔扎克所言："磨炼

---

①习近平：《高举中国特色社会主义伟大旗帜　为全面建设社会主义现代化国家而团结奋斗——在中国共产党第二十次全国代表大会上的报告》，人民出版社，2022，第10页。

②颜之推：《颜氏家训》，中国画报出版社，2013，第78页。

对于天才是一块垫脚石，对能干的人是一笔财富，对弱者是万丈深渊。"① 如何面对困难和挫折？这是考验一个人智慧、品格和能力的试金石。与困难、挫折作斗争，磨炼的是克服困难的意志和决心。"困难像弹簧，你弱它就强"，如果一块石头对弱者来说是阻碍，对于强者它就是一块垫脚石。大学生，特别是在感到困惑、难过、泄气的时候，向由共青团中央、全国学联指导，中国青年报社、新东方教育科技集团、中国青年创业就业基金会联合选出的大学生自强之星学习，以及向身边榜样学习，不啻为一个好办法。通过学习齐心协力搞好宿舍环境。宿舍是每个大学生待的时间相对较长的场所，时间之长不亚于在学习场所待的时间。孔子曰："与善人居，如入芝兰之室，久而不闻其香，即与之化矣；与不善人居，如入鲍鱼之肆，久而不闻其臭，亦与之化矣。"讲的就是环境对人的成长进步有正向或者反向的影响。

## 第二节 树立正确的恋爱观婚姻观

有人说，没有谈过恋爱，那是大学经历的一大遗憾，这种说法有一定的合理性，经历是一种财富，何况是一种终生难忘的甜美爱情呢？但作为班主任，应把"不禁止不鼓励"作为对待大学生恋爱的一种态度。

2022 年 8 月，教育部在答复全国人大代表时表示要鼓励高校加强恋爱心理教育。高校开展恋爱课程的初衷，在于提升大学生对爱的认知和表达能力，从而敢爱懂爱会爱，学会"如何去爱"。

---

①马誉炜：《勤思与敏行》，北岳文艺出版社，2001，第 7 页。

一项调查显示，88.23%的大学生支持开设恋爱课。大学生在恋爱中出现的问题集中在表白、相处及异地恋三方面。如何解决恋爱中的矛盾和分歧、如何面对感情的结束是大学生最希望学到的内容。[①]

爱情是一对男女基于一定的社会基础和共同的生活理想，在各自内心形成的相互倾慕并渴望对方成为自己终身伴侣的一种强烈、纯真、专一的感情。男女双方培养爱情的过程或在爱情基础上进行的相互交往活动，就是人们日常所说的恋爱。恋爱作为一种人际交往，也必然要受到道德的约束。恋爱是建立幸福婚姻家庭的节奏，恪守恋爱中的道德规范关系到未来婚姻家庭生活的幸福。[②]

重视性教育，避免不必要的伤害。恋爱并不代表必然发生性行为，但是也要提醒青年大学生避免准备不充分而发生性关系，更要积极主动获取必要的科学的性知识，注意性健康，避免一时的冲动导致终身的苦痛。

一些同学会说，在21世纪的今天，婚前性行为已经变得非常普遍了，那种结婚以后才能发生性行为的观念，可能有些落伍了。婚前性行为，你情我愿，似乎已没有什么不好吧？

作为高校班主任，尤其是结过婚的班主任，对待学生的恋爱和婚前性行为，有必要给予大学生教育和引导，让他们树立正确的恋爱观和婚前性行为观念。在很大程度上，这属于对他们的保护，毕竟中国的家长不好意思给孩子传授性知识。

告诉在校大学生：如果因为婚前性行为不小心怀孕了，作为学生的他们既没有能力，也没有条件抚养孩子，最后不得不求助父母、奉

---

①《教育部答复全国人大代表建议，鼓励高校加强恋爱心理教育》，《长江日报》2022年10月5日。

②本书编写组：《思想道德修养与法治》，高等教育出版社，2021，第169页。

子成婚乃至不得不打掉孩子，这对他们特别是女大学生来说是严重的伤害。可能一些同学寄希望于采取避孕措施。不过，目前还没有成功率百分之百的避孕措施。

婚前性行为可能影响他们的学业、生活和工作。若在最后，两个人没有结婚，而是分了手，"毕业即分手"的比例还是很大的，那对两个人的伤害在一定程度上是存在的。

一些同学说：要看发生性行为的两个人，是不是存在感情，如果只是因为欲望而产生的，那就是不道德的、肮脏的，但如果两个人是彼此相爱的，如果双方是主动、自愿的，那就没有什么问题吧？

曾经有一位专家在讲座时，现场搞了一个调查：赞同婚前性行为的请举手（有一部分同学）；赞同顺其自然的请举手（有很多同学）；不赞同婚前性行为的请举手（少数同学举手）。

一些同学不赞同婚前性行为的理由有三点：首先，我们不能对不起生育我们的父母；其次，我们不能对不起我们自己；最后，我们不能对不起未来携手一生的伴侣。不要因为一时冲动，而做出当时以为你情我愿而过后甚至会后悔的事情。

曾有一个大学生，他反对婚前性行为，讲得颇有道理，可以给班里大学生推荐分享一下，让青春期的大学生正确看待和尽量避免婚前性行为。他说："你们认为性行为只是一种感觉良好的欲望吗？性是爱的一部分，但这并不代表着相爱就一定要发生性关系，因为性行为它更代表了一种永恒的关系和责任，所以它才是表达爱的最高方式，不以结婚为目的的谈恋爱，就是要流氓，但结婚前就发生性关系的话，这跟动物有什么区别呢？性是美丽的、浪漫的、激情的，但它同时也是神圣的、庄严的，把性行为留在结婚当天，这难道不是对婚姻、对爱情最美好、最庄严的体现吗？婚前性行为本身就体现了不道德、疾病、危险和悔恨，这是对爱情的不尊重！我没有发生过婚前性行为，我以此为荣。我尊重爱情、尊重性。如果你认为婚前性行为是美好的、激情的，那么你们就中了影视的毒了，他们用同样的方式，让我们爱上了吸烟。找几个明星，找几个美丽的人、帅气的人，在关键的时候、性感的时候抽着烟，当我们看到这样的画面，就会误以为抽烟是性感的、是帅气的，现在一些影视作品又用同样的方式，传递了婚前性行为很美好这样错误的讯息。而事实却是，婚前性行为会让原本相爱的两个人，过早透支爱情的能量、激情，甚至过早进入了平淡期、疲惫期，原本能携手到老、终成眷属的两个人，很可能会因此而提前分手，还有什么比这更令人感到受到伤害、更加让人悔恨、更加不道德的事情呢？"他还引用一位伟人说过的话："请永远不要出卖你的灵魂，因为没有人能偿还得起它的代价，当灵魂通过一次考验的时候，它将获得进化般的强大……"以上所述要引起高校、家庭、社会和大学生个人的高度重视，因为它客观存在。

恋爱中的道德规范主要有尊重彼此、人格平等、自觉承担责任和文明相亲相爱。

大学生在恋爱中要理性对待彼此的关系：

第一，不能把友谊当爱情。俄国文学家别林斯基盛赞："爱情是生活中的诗歌和太阳。"爱情是美好的，但前提是男女双方愿意建立恋爱关系，不能"单相思"，更不能没有风度去纠缠对方。有时，对方只是和你有一些共同语言，也认同你的为人，觉得可以和你做普通朋友，但是没有再往下交往或者至少暂时不愿意和你"谈恋爱"。但明确双方只是一般朋友关系时，就需要调整自己的心态，比如：可以通过转移注意力，减少甚至暂时中断每天长时间待在一起的频率，或者以"谈恋爱奔着结婚，而婚姻需要缘分"这样的心理暗示，使自己怦然心动的恋爱之火悄然熄灭。

第二，不能把爱情放在第一位。在大学阶段，爱情绝不是第一位的，它至少要低于学业。对待爱情，若遇到了对的他（她），双方愿意谈一场预期会带来甜蜜的爱情，恋爱就有可能走向婚姻，完成人生的大事。但大学生在恋爱过程中，不能奉行爱情至上，为了爱情，什么都不顾，学习松松垮垮，与同学交流交往减少了，集体活动能不参加就不参加或者即使参加也带上自己的"另一半"，这样的做法带来的弊端是很明显的，需要同学们三思。

第三，不能片面或者功利化对待恋爱。印度诗人泰戈尔生动地比喻，爱情是理解和体贴的别名。大学并非封闭的象牙塔，也会受到多种不良社会心态的影响。无论是"以貌取人"，还是"宁可坐在宝马车上哭，也不愿意坐在自行车上笑"，抑或是"干得好不如嫁得好"，这些使情感商品化和物化的观念从表面上是一种聪明又理性的选择，实际上会让婚恋变得庸俗而乏味。

第四，不能只管过程不顾结果。只管今天恋爱今天在一起，不管是否有结婚的意愿，这是不明智的，也属于不负责任的表现。责任是爱情得以长久的重要保障，是坚贞爱情的试金石。自愿担当的责任，丰富了爱情的内涵，提升了爱情的境界，如果"不在乎天长地久，只在乎曾经拥有"，把爱情当成游戏，既会伤害对方，也会伤及自己。[1]

第五，不能因失恋而寻死觅活。正确面对已经确定的失恋，是一个人走向成熟的重要过程。事非经过不知难，成如容易却艰辛。大学生对待失恋，应该提高情绪成熟度。高情绪价值的人，往往有更高的情绪成熟度，这意味着能更好地管理自己的情绪、接住他人的情绪。

在校大学生如果符合我国法律规定的结婚条件可以结婚，但对结婚成家需持谨慎、理性的态度。大学时期的根本任务是完成学业、不断提升和完善自我，在尚未走向社会时就草率结婚成家，会对学业和

---

[1] 本书编写组：《思想道德与法治》，高等教育出版社，2021，第172页。

生活产生许多负面影响。婚姻不仅代表两情相悦，更代表责任和义务，因而一旦结婚成家，就要即时调整和转换角色，承担起相应的责任和义务。由于大学生在校生活期间基本上还是一个消费者，大量的开支难免要从家庭获得，结婚成家的大学生还要合理筹划，量力而行，勤俭节约，尽量不给父母增加过多的负担，也不能因此影响自己的学业。[①]

综上所述，恋爱并非与生俱来的技能，需要后天的学习。恋爱作为一种交往行为，本质上是两个人通过社会互动产生信任、认同、情感和亲密关系的过程。要想建构恋爱关系，既需要对自己有一个清晰、全面的认识，也要了解两性差异，学会和异性相处。更为关键的是，要形成一个健康、成熟的恋爱观，即追求生活方式的贴近和精神世界的契合，而不是被光鲜的颜值、功利的条件所左右。谈恋爱只是大学阶段的一个经历，不能由于恋爱太甜蜜，而忘记了自己的主要任务，也不能因为不合适分手了而整天郁郁寡欢。大学生，无论男女，都不应该因恋爱而废了学业。生命的成长需要蜕变。每一种蜕变，好像我们在剥洋葱，通常是泪流满面。

## 第三节　提高与他人交往交流能力

人是社会性的动物，每个人的世界或多或少都离不开与他人的接触。班主任应该把与他人交往时相处的方式方法以面对面的形式向大学生推荐。浙江大学老校长竺可桢曾在1936年浙江大学开学典礼上讲到："来大学后，有从全国各方面来的同学，可以知道全国的情形，时间长了，各人都认识。这样，各人家庭的状况，故乡的风物，都能

---

①本书编写组:《思想道德与法治》,高等教育出版社,2021,第172页。

互相知道，这亦是一种教育。"

在大学里，学会与人交往交流是基本的能力。有人感慨：茫茫人海，知己难觅。其实，同龄的大学生，志趣相投，相互成为朋友，应该不是一件太难的事，希望他人怎样对待你，你就怎样对待他人，真心付出了，就会日久见人心，渐渐就会结交到很多朋友。实实在在的行动最能打动人，诚心诚意对待他人就能换来真交情。习近平主席2014年7月在韩国首尔大学演讲时曾引用《中说》语句，"以利相交，利尽则散；以势相交，势去则倾；惟以心相交，方成其久远。"国学大师季羡林给中共中央组织部原部长张全景写的赠言为"为善最乐，能忍自安"，对今天的大学生有很大的教育意义。大学生与他人的交往交流，都应珍惜缘分、友好相处；以善为念，学会感恩。即使遇到一些憋屈的、丑陋的、令人心酸的、叫人愤怒的事，比如同学之间由于性格、心理或者其他原因产生的猜忌、争吵、怄气甚至冲突，这样的场景尽量忘记，尽量大事化小、小事化了，因为，这样的烦心事，越想越别扭，越想越难受。对自己，对别人，都是一种伤害，也是对心灵的慢性侵蚀。大学生低调谦虚地向同学学习，才能变得更加见多识广，也更有益自己的提高和进步。

真心交友，就要以诚待人。孔子曰："言而无信，不知其可也。"孟子曾说："言而有信，人无信而不交。"庄子说过："朴素而天下莫能与之争美。"培根说过："虚伪的友谊就像你的影子，当你在阳光下时，它紧紧跟随；一旦你走进黑暗，它立刻摆脱你。"这四位智者都强调了诚信是为人之本，结交朋友要以诚为贵。只有坦荡真诚的人，才能始终如一地保持朴素的人生底色。对待新朋旧友，若耍小聪明，玩心眼，就没有人愿意和他交朋友。欺人莫欺心，伤人勿伤情，信任一个人不容易，长期结为好朋友更难。

"校友亲如兄弟姐妹，使命把我们召唤在一起""校友校友，这亲切的称呼，这崇高的友谊，把我们结成一个温暖大家庭"，共同的目标和追求是友谊的基石。友谊要靠理解和真诚维系。一个人要心存班级，懂得关爱班级同学，懂得尊重他人，懂得感恩遇到的老师和同学，会为自己的未来创造一种好的人缘、口碑和学习生活环境。自己付出了，也会从班级当中享受那份相互关爱、相互帮助、相互信任的快乐，在快乐当中，你的大学生涯是愉快的。有人说："心若计较，处处都是怨言；心若放宽，时时都是春天。"若是你天天心生抱怨，总觉得别人欠你的，天天觉得别人欺负你，真心觉得别人讨厌时，这种情况就要反思了，就要主动寻求老师、班主任或者心理咨询师的帮助。

　　每个人身上都有优点，每个人身上也同样都有缺点。包容别人的缺点，就是接纳自己的缺点。同学之间产生矛盾了，肯定是一个巴掌拍不响，与人交往中出现问题了，不要只找别人的错误，也要找找自己的错误。"金无足赤，人无完人"，有时犯错在所难免，不要太过于自责，做到"吃一堑，长一智"，今后才不会犯同一种错误。应牢记"抱怨别人是失败的开始，反思自己是成功的开启。"这些道理，不算深奥，当你能够内化于心，深深体悟到并很好地自我约束，把自己的为人处事能力逐渐提升时，你会享受到这种提高正常人际交往的能力为你的事业所带来的那份帮助和快乐。在这样一个现代化生活的社会里，不给他人打交道，把自己封闭起来，久而久之就成了孤家寡人，鸡犬之声相闻，老死不相往来。这不符合马克思提出的"人的本质不是单个人所固有的抽象物，在其现实性上，它是一切社会关系的总和"的基本原理。良好的人际关系会让大学生感受到更加安全和更加温馨。胡林翼说："气类孤则不能成大事。"曾国藩说："天下古今之才人，皆以一傲字致败。"骄傲是一种极端的心理，骄傲的人喜欢用自己的优点与别人的缺点相比，越比较，自己心里越得意。

　　可以举同班同学毕业 50 年后仍牵挂的感人事迹，进一步增强班里大学生珍惜缘分、和睦相处的自觉性和主动性。

这是一个关于矿大人的故事，这是一个关于寻找同学的故事。白作凯，72 岁，北京矿业学院地测 65-2 班班长，他用近 20 年时间，寻找班里失联同学。2016 年 10 月 23 日，在北京市第三社会福利院，找到最后一位失联同学贾洪占，此时，距他们初入矿院，已过去 51 年。

……………

"洪占，我是白作凯啊！"

北京房山的贾洪占，现在是班里唯一失联的同学。为了找到他，白作凯学会熟练使用网络、微信，不时在《青春房山》BBS 上发信息，寻找贾洪占。……

去了房山几次，又回到矿大打听，都没有消息。后来，他找到房山煤矿的退休办，辗转多次，联系上贾洪占的侄子，才知道贾洪占还健在，但是老早就住进了精神病院，已有 40 多年。

2016 年 10 月 23 日，白作凯坐公交车来到北京市第三社会福利院。贾洪占见到他第一句话是："我不认识你。"他说："洪占，我是白作凯啊！"贾洪占听到他的名字说："你怎么来了？"

两人坐下聊天，班里同学名字，贾洪占都能记得。他问白作凯结婚没，几个孩子，还说自己没结婚，没有孩子。护理人员催他吃饭，白作凯起身要走，贾洪占拉着他的手说："路上小心，注意安全！"

…………

白作凯说："我们班同学都来自农村，是祖祖辈辈第一个大学生，我们迈上的人生第一个台阶是矿大啊！这份情感难以割舍。"班里的同学找齐了，他这个班长也算有个交代，心也踏实了。找到失联同学，是因大家曾有缘相聚，当今社会和平安定，还有很多好心人相助，并非一人之所能。

每个人的命运与境遇，过往与哀伤，都连着大时代，也连着我们的精神皈依。50 多年前，这 22 名同学结缘北矿，从那一刻起，他们的心就紧紧地连在一起。执着地寻找，让这份情意弥足珍贵，也让他们在世间炎凉、顺境逆境之中，得到慰藉，温暖前行。[①]

著名作家周国平说："大智者必谦和，大善者必宽容。唯有小智者才咄咄逼人，小善者才会斤斤计较。"人生在世，应该学会宽容与退让，宽容是人与人相互理解和信任的桥梁。锋芒外露、刚强好争、不懂妥协的人，往往四处碰壁，遭受的打击也比别人多。而柔弱圆融、低调内敛、懂得退让的人，才能得到保全，笑到最后。正所谓"宽容别人，升华自己"。所谓宽容，就是要容人容事。容人，既能容人之长，又能容人之短。心里能容帮助过至少没有伤害过自己的人，也能容反对过自己的人、伤害过自己的人。尤其对反对过自己的人，当自己有机会和能力报复他时而不去这样做，当他遇到困难时反而帮他一把，让他在痛苦的反思中对自己产生愧疚感，慢慢地可能会成为朋友。化敌为友，是人际交往的最高境界。总之，大学生在与他人交往过程中应让别人感到融洽、舒服。

与人交往，在诚心诚意的基础上，也要掌握一些技巧。顺水的人情不能顺水做，微小的鹅毛一定要千里去送，鹅毛虽小，千里去送，它的情谊就重了。顺水的人情不顺水做，这个人情就重了，这样别人就会重视你。第一，人情不能立刻还，需要延时回报。第二，人情，就像存款，你让别人欠个人情，到时他会连本带利还给你的。第三，要讲究义利。给予人情时没想着要他还，讲究仗义，有针对性地满足他的需要。

---

①姚利梅：《一定要找到你》，光明网，2022 年 10 月 28 日。

吃亏是福，礼尚往来，有好事会被别人惦记。"满者损之机，亏者盈之渐。损于己则利于彼，外不得人情之平，内得我心之安，继平且安。福即是矣。"做人要能吃亏，过于计较，得失心太重，反而会丢掉应有的幸福。"吃亏"不光是一种境界，更是一种睿智。

吃小亏，别吃大亏。所谓小亏，指的是没有突破你底线的亏，所谓大亏，是指突破你底线的亏。吃主动亏，别吃被动亏。吃主动亏，指的是自己乐意，算作自己主动做贡献。比如俞敏洪的事迹。被动吃亏，是指自己不愿意的，吃了这种亏，只会被别人当成窝囊。吃眼前亏，不吃长远亏。

《道德经》有言："大丈夫处其厚，不居其薄；处其实，不居其华。"太过算计，是一场内耗，君子坦荡荡，小人长戚戚。做人心地光明，自然活得坦然；每天工于心计，必然活得太累。心理学家威廉说过："太聪明、太能算计的人，实际上都是很不幸的人。"这也是他的亲身体验。威廉曾经很"聪明"。他知道哪家袜子店的袜子最便宜，方圆几十里内哪家快餐店比其他店多给一张餐巾纸，何时去电影院门票价最低等。但是他却经常生病，奔波于各个医院却始终找不到病因。直到有次他参与了一个实验，结果显示：极度内耗的人，大部分患有心理疾病。并且这些人心率一般都较快，睡眠不好，消化系统不顺畅，免疫力下降……他发现这与他的症状十分相似，由此找到了症结所在。

算计，是一种极度内耗的行为。时常想着怎么算计别人，怎么避免被别人算计……如此失去了人生中更宝贵的东西——身心的安宁。做人，千万别算计这些。生活中总会有一小部分人自以为占尽了便宜，机关算尽，最终却落得一场空。

别算计朋友。算计朋友，必将朋友离心，最终孤立无援；盘算伙伴，必将失去诚信，最终生意成空。与人交往，把利益看轻看淡些，怨恨自然无从生起；尽量做到包容忍让，就能避免不必要的冲突。

别算计钱财。做人不可贪图小利，钱财方面过于算计，只会降低自己的格局。就像那些娱乐圈艺人、网红偷税漏税，触犯法律，不久便被曝光封杀。不义之财，得来容易，守住却难。工于算计，舍本逐末，只会自毁根基。

别算计感情。长久的关系，不是独善其身，锱铢必较，而是互相亏欠，不分你我。感情里不用事事都算得清清楚楚，争个明明白白，再精明的算计，也敌不过一颗最简单的心。不算计，不耍小聪明，做人简单，才得自在与长久。

厚道，才是最大的聪明。爱耍小聪明、精于算计之人处处有，可这样的"聪明"却为古代先贤所不屑。大智若愚、抱朴守拙，向来是中国哲学中的最高智慧，强调做人与其处事圆滑，还不如保持朴实、愚拙的个性。

能力永远不会大于人品。一个人精明强干只能得意一时，厚道靠谱才能屹立不倒。清朝有个人叫金安清，于经济理财是把好手，但心术不正，多次贪腐。他设局营救林则徐，成为林则徐的幕僚，不久就被林则徐礼送出境。他又转投曾国藩，曾国藩连拒他七次。后面虽然见了他，却依然不肯用他。有人觉得奇怪，便问原因，曾国藩说："此等人如鬼神，敬而远之可也。"

一两重的厚道，大于一吨重的小聪明。《世说新语》有言：小胜靠智，大胜靠德。唯有真心待人，才会收获真心；唯有厚道做事，才能收获长远。待人处事坦诚厚道，才是一种大智慧。

决定一个人最终的成就不是点滴的利益得失，而是一个人的远见和拙诚。一方面，青年大学生不要被这样的人欺骗了，另一方面，青年大学生不要做这样让人警惕和远离的人。待人之道，算计不如诚恳，精明不如厚道。靠谱是当今社会一个人尤为重要的人格秉性。

丰子恺说："心小了，所有的小事就大了；心大了，所有的大事就小了。"凡是能成大事的人，都是有胸襟、有胸怀的，不能虽有满腹经纶却又小肚鸡肠，为人者，有大度成大器也，有时候人生难免会遇到纷纷扰扰的事情，扰乱心绪，偶尔还会破坏心境，烦恼悲伤不会自行消除，极力调整好自我的思想行为，在良好的精神状态下，才能看得开放得下。冤家宜解不宜结，没有人能让你烦恼，除非你拿别人的言行来自寻烦恼，没有放不下的心结，除非你自己不愿意放下。

教育在校大学生要祛除戾气和负能量的怒气，保持和气待人，最根本的还是要加强思想道德修养。笑着让步，不是懦弱，而是智慧。"上善若水，水利万物而不争。"古语有云："好争之人，天将与之争；谦让之人，天将与之相让。"《菜根谭》中有一句话："处世让一步为高，退步即进步的张本。待人宽一分是福，利人实利己的根基。"在为人处世中，能懂得如何让步的人，无一不是高明之人，此事让一步也是为了以后能更进一步。

《菜根谭》有言："滋味浓时减三分让人食，路径窄处留一步与人行。"如果我们凡事都计较，可能会失去得更多；反之，学会一定的让步，可能会有意想不到的收获。懂得让步之人，不会万事计较，其心胸也会开阔；懂得让步之人，不会去勾心斗角，其人品也会端正；懂得让步之人，也更值得让人结交。

以"仁"的平和心态交往。《论语·子路》中子曰："刚毅木讷，仁也。"刚、毅、木、讷这四种优秀的品质，就是"仁"的最高境界。真诚是与人交往的最大优势。永远不要把朴实真诚丢掉。

美国著名作家海明威曾说过："优于别人，并不高贵，真正的高贵，是优于过去的自己。"想要让自己不断成长上升，身边要有水平超过自己的人，妒贤嫉能等于自残，争取羡慕嫉妒学，而不是羡慕嫉妒恨。要用欣赏的眼光去看待身边人的成功，有一句话说得形象而透彻，虽然有点不地道，但很大程度上揭示了人性的恶：人往往可以接受一个陌生人发达，却不能接受自己身边人的成功。某种意义上说，被人嫉妒是一种幸福，意味着你的进步已经引起了别人的不适；被嫉妒是一种约束，提醒你要时时刻刻如履薄冰；被嫉妒也是一种动力，激励你要跑得更快，用更大的优势使他人适应你的先锋模范，由嫉妒转化为羡慕和学习。

古人云："愚者互踩，智者互抬。"在大学里，有时虽然尽最大的善意面对身边每一个人，用最大的努力做好每一件事，但有时还是会遇到这样那样的事情。莫名其妙地被中伤，无缘无故地被质疑，可能被胡乱猜忌，等等种种，经常会不请自来。其实，这些状况每个社会人都会或多或少地遇到，我们之所以那时那刻觉得愤懑、彷徨，只是没有经历过社会的锤打。要学会自我安慰，并仍然坚持心中的仁和爱，以简单应对复杂，有时面对无关原则、底线时可以"装糊涂"，有些事看透不说透，有些人看穿不说穿，才是聪明的大学生。

与其讨好他人，不如做好自己。再好也有人讨厌，再好也有人指点。扬弃"讨好型人格"，莫为他人不理解而生气。所谓讨好型人格，就是对所有人微笑，尽量帮忙，希望所有接触到的人都喜欢。用诚恳之心、换位思考、友好相处的真诚去对他人是必要的，但不能无原则地贬低自己，更不应该在别人不认可自己的情况下，仍然特别在意别人的评价，"剃头挑子一头热"，《增广贤文》上有这样的一句话，"一人不得二人计，宋江难结万人缘。"当遇到自己愿意和对方结交好朋友，对方不热心不认可自己时，要学会安慰自己，比如"及时雨"宋江都难以让所有人都认可他。因此，使自己宽心，长此以往，自己就会变得充满自信。

## 第四节 主动调整并形成好心态

心态，是命运的舵手，虽然不是人生的全部，但能左右人生的全部。告诉同学们一些形成好心态的方法：越是忙碌的时候，越要沉得住气。

珍惜眼前同学缘分，做好眼下重要事情，宿舍同学合作帮助，成就人生精彩华章。作为别人帮助的受益者，也决不能"剃头挑子一头热"，同窗之情、室友之情的维护和增进，需要相互行动，只有这样，人与人之间的关系才会越来越融洽，真正是与日俱增，与时俱进。

感恩的心情，谦虚的姿态。"人敬己一尺，己敬人一丈"，诚心，是做人处世赢得他人尊重的重要支柱。掌握了正确方法，形成良好心态，则无论世态人情如何变幻，你都可以在自己的精神家园里"胜似闲庭信步"。

大学生在一起闲聊，讨论的话题经常有三个：拐弯抹角地炫耀自己，添油加醋地贬低别人，相互窥探地搬弄是非。季羡林大师曾说："人要说正确的话，有意义的话，有益于进步的话，这样才能让人信服。"比如通过互助学习，增强人际关系融合度。不要吝啬对他人的赞扬，会拉近彼此之间的距离。但夸赞人的话，也要适可而止，不要夸大其词，更不要让别人感觉出你的夸赞太假，这样会让别人觉得你不真诚。

通过各项活动，提升团结友爱的力度。高校学生活动可谓遍地开花，一定要学会跟他人在活动中有合作。班主任可以向同学们阐述："运动是一个非常好的'具身社交'方式。当自己的身体与别人的身体进行互动，会影响到个体的认知。这个时代人和人之间更多依赖社交网络，这是一种抽象世界的社交，是网络社交。当我们把个体行为变为集体行为时，就是一种'具身社交'。"汪冰说："过去心理学认为认知和身体是独立的，大脑的思考独立于身体；现在流行的一个分支方向叫'具身认知'，身体是人思考的工具，人的思考不能脱离身体。……当人们的身体打开后，心理会更容易打开。运动完后，人在面对他人时，内心不会那么紧张、有防御性，也不再时刻与人保持警惕的距离。"

在汪冰看来，好情绪会推动好行为。运动本身就会让人的大脑产生很多化学递质，令人兴奋愉悦。开心的你和他人交流时，和平时情绪状态也是不一样的。

陈武指出："独乐乐不如众乐乐"，社交能够获得社会性的反馈和认同——社会认同是人的核心需求。除此之外，"群体是一种滋养"，反而比独处更能提升我们的存在感。①

"满招损、谦受益"是一个颠扑不破的真理。低调是真正的聪明，也是扩大与人交往的好办法。地低成海，人低成王。《道德经》提到："洼则盈，少则得"。一个人难就难在应有空杯水谦虚心态，这样才能有进一步提高自己本事和水平的机会。

---

① 《青年新型社交模式：从面对面到肩并肩》，《中国青年报》2022年10月21日，第8版。

# 第六章　教育和引导大学生身体要好

健康的体魄是一个人成事立业的基础。"加快建设体育强国"被写进党的二十大报告中，当前我国在校大学生近 5000 万人，这一庞大群体是建设体育强国的重要组成部分。健康的体魄是有效学习、愉快生活、高效工作的根本。大学期间养成经常锻炼的好习惯，身体素质更佳，体力也一定会更充沛，大学因运动而精彩。对于大学生锻炼身体的重要性，一些高校校长对此曾有不少精辟论述。北京大学原校长蔡元培曾说："殊不知有健全之身体，始有健全之精神；若身体柔弱，则思想精神何由发达？"1957 年 11 月 29 日，清华大学时任校长蒋南翔提出"为祖国健康工作五十年"的口号，从此成为清华人的奋斗目标。几十年来，这个口号不仅在清华，对于全国高等学校以至社会都产生了广泛影响，很多人坚持"每天锻炼一小时，健康生活一辈子"的理念，再忙也挤出时间，每天至少运动 10000 步。

## 第一节　认清"身体是本钱"

决定一个大学生成才的因素有很多，除德智美劳之外，还有"体"，即身体素质，通常人们把它称作"革命的本钱。"

高校班主任要帮助大学生树立"每个人是自己健康的第一责任人"

的意识。关于大学生获得健康的体魄，班主任可以推动青年大学生找到自己感兴趣的运动项目，人若无兴趣，运动会乏力。通过给大学生列举一些数据，让大学生认识到强壮的体魄是学习、生活及各种实践活动的基础和前提。拿破仑曾持续 24 小时在马背上行军，于午夜抵达华沙，早晨 7 点又接见新政府官员。在与英格兰爆发战争后，他同 4 位秘书连续工作了 3 天 3 夜，然后在热水里泡了 6 个小时，并口授快信。富兰克林 70 岁时还在露天宿营。格莱斯顿 84 岁高龄时还掌握着国家的大权，他每天能奔走数英里，85 岁时还能砍倒大树。清朝的乾隆皇帝，活了 89 岁，在位 60 年。这些伟人之所以建立了丰功伟绩，首先得益于有一个好身体。① 中央改革办分管日常工作的副主任、国家发展改革委副主任穆虹在中外记者会上介绍，我国人均预期寿命提高到 78.2 岁。② 这个数据着实是大家越来越重视身体健康的体现。青年大学生更应早早树立"对健康引起绝对注意"的自觉理念，不能为了追求学习成绩将身体过分投入，保健身体应从年轻时抓起。

1948 年，世界卫生组织在其《宪章》中对健康作了定义："健康乃是一种生理、心理和社会适应都臻于完美的状态，而不仅仅是没有疾病和虚弱的状态。"并明确了十条健康标准。一是有充沛的经历，能从容不迫地担负日常生活和繁重的工作，而且不感到过分紧张和疲劳。二是处事乐观，态度积极，事无大小，乐于承担责任。三是善于休息，睡眠良好。四是应变能力强，能适应外界环境中的各种变化。五是能抵抗一般性感冒和传染病。六是体重适当，身体发育匀称，站立时，头、肩、臂的位置协调。七是眼睛明亮，反应敏捷，眼睛不易发炎。

---

① 刘士欣：《知行八谈：感悟做人做事做官》，中共中央党校出版社，2018，第 13 页。
② 《"夺取新时代中国特色社会主义新胜利的政治宣言和行动纲领"——中共中央举行新闻发布会解读党的二十大报告》，新华社，2022 年 10 月 24 日。

八是牙齿清洁，无龋齿，不疼痛，牙龈颜色正常，无出血现象。九是头发有光泽，无头屑。十是肌肉丰满，皮肤有弹性，走路感到轻松。中国工程院院士、中华医学会会长钟南山有个十分形象的比喻：健康是颗空心玻璃球，一旦掉下去就会粉碎；工作像只皮球，掉下去还能再弹起来。班主任要教育大学生充分认识到健康是"1"，健康以外的所有东西都是"1"后面的"0"；假如"1"没有了，则其后面的所有"0"都没有意义了。有健康才有未来，身体是生命的有效体，失去了健康就失去了一切，至少会给大学生的学习、工作带来不可逆转的影响。

20世纪末，世界上数位诺贝尔奖学金获得者齐聚一堂讨论21世纪什么最重要，最后一致认为，追求健康是21世纪的主要趋势。根据《21世纪经济报道》中提到的胡润研究院公布的《2017胡润财富报告》显示：中国富豪最想拥有的是健康，第二是家庭生活，第三是时间，再次是学习机会，接着才是物质财富。另外，调查还显示：这些富豪占比61%的处于亚健康，他们日常维持健康的两种主要方式是适量运动和合理膳食。[1]现在在校大学生的生活节奏快得多，又经常久坐在电脑跟前，若没有强健的身体，整天病恹恹的，会完全跟不上学习和生活的节奏。阿拉伯谚语说："有两种东西失去之后才会发现它的价值：青春和健康。"

至今仍有部分大学生不理解"身体要好"的重要性。一方面，他们认为没病没灾的就行了，没必要锻炼身体，纯属浪费时间。由于在校大学生大部分是20岁上下，身体机能都在生长发育中，所以一般没有什么大的毛病，有点小问题也容易康复。这是年轻人的优势，但也

---

① 《2017中国富豪身体状况调查　中国富豪维持健康的运动有哪些》，《21世纪经济报道》2017年9月16日。

不能太大意，不能不注重适当的锻炼和必要的保养。有的在校大学生，把锻炼身体当作一种负担，以为耽误时间，还不如去学点东西。他们的想法是，第一是学习，第二是学习，第三还是学习。他们对体育和体育锻炼认识不到位，甚至有时想方设法地请假，还为自己的得逞而沾沾自喜。他们为了学习或者别的事情（比如打游戏、闲聊天），可以通宵熬夜。但要他们花一定时间去锻炼身体，做不到。他们的理由是，多一分钟时间学习，就多一分收获。

　　所有的运动都有利于缓解压力。当然，运动不是量越大越好，亦不是强度越大越好，合适的运动强度能够有效地提高学习效率和作息质量。事实上，身体好，精力充沛，其学习效率必然高，实际学习效果更好一些。大家也看到了，那些经常活跃在操场、球场等健身的大学生，他们的学习一般都不差，很多还是尖子生。其实，保持一副健康的身体有很多方法，比如有规律地作息，比如每天不全天式地待在宿舍，哪怕出去散步几千步，比如积极参与体育和文娱活动，班主任要给学生讲到位。

## 第二节　　注重有规律的作息

　　睡觉应该属于"人生大事"，毕竟人的一生中有三分之一的时间在睡眠中度过。钟南山院士的一份研究表明，在健康的各种要素占比中，生活方式占 60%，医疗占 8%，父母遗传因素占 15%，社会因素占10%，7%取决于气候影响。另外，世界卫生组织在《维多利亚宣言》中提出了健康的 16 字方略："合理膳食、适量运动、戒烟限酒、心理平衡。"

列宁同志说："谁不会休息，谁就不会工作。"毛泽东同志也曾说过："睡眠和休息丧失了时间，却取得了明天工作的精力。如果有什么蠢人，不知此理，拒绝睡觉，他明天就没有精神了，这是蚀本生意。"[①]戴尔·卡耐基在《人性的优点》中说过：休息并不是浪费生命，它能够让你在清醒的时候做更多清醒、有效率的事。随着网络的普及，诱惑的增多，越来越多的青少年熬夜打游戏玩电脑、网上聊天或者刷信息等等，甚至还有个别人因为熬夜而猝死，这并不是骇人听闻的消息，而是真实存在于社会之中的。现在一边抱怨着自己的头发越掉越少，皮肤越来越差，可另一边泡着枸杞茶泡着脚的同时仍熬夜到很晚，很大比例的大学生也没有摆脱这种坏的作息习惯。

事实上，大家都清楚早起有着非常多的裨益，问题就是起不来。其实，并没有起不来的早床，只是因为懒惰罢了。但凡想成大事者，势必有着早起的习惯。某位企业家曾经说过，他每天不到 5 点就起床，然后开始处理公司的各种事务，到了 8 点半别人都上班了他就开始吃早餐。所以说，成功的人都深深体会到了早起的重要性。曾国藩也多次在家书中告诫后代，子孙们一定要养成早起的习惯，他认为早起有三个好处。

第一点，能够克服惰性。曾国藩说过"勤字功夫，第一贵早起，第二贵有恒"。其实，生而为人多少是有些惰性的，没有人敢说自己没有懒惰过、颓废过。坚持早起可以让自己养成一个良好的习惯，这种习惯当你有了就会有更充分的时间做自己想做的事儿，能够合理地安排并完成一天的任务。用早起迎接新的一天，每一天都是充实的。

第二点，早起能够平心静气反省自己。《菜根谭》中有这样一句话："从五更枕席上参勘心体，气未动，情未萌，才见本来面目。"人

---

① 毛泽东：《毛泽东选集(第一卷)》，人民出版社，1991，第 211 页。

之所以区别于动物，是因为人懂得思考，同时也会自我反省与总结。早上是人一天中最清醒的时刻，这个时候用于反省自我再好不过了。

第三点，早睡早起能够有益身体健康。大家都知道熬夜伤身体，特别是现代人本身吃得不卫生，又不运动，身体素质本来就很差，再熬夜整个人都垮了。但如果养成一个规律且健康的作息习惯，能够强健体魄。这也能够为以后成就一番宏图打基础，毕竟有句老话这么说，有了身体才有一切。

可以把下面的健康常识向学生普及，在他们知道睡觉是如此重要的时候，若仍然我行我素，仍然陷于"晚上断不了网，睡不成觉；早上闹铃叫不醒，起不了床"的怪圈，很难说大学生涯是成功的。依照相关报道，笔者摘录其中的部分内容，形成四个问答题。

1. 问：到底要不要午睡？（网友们纷纷根据自己的经验畅所欲言，有的说"不睡午觉下午打不起精神"，有的说"睡了午觉反而一下午昏昏欲睡"。）

答：清华长庚医院副主任医师、副教授尹国平明确表示，午睡很有可能影响晚上的睡眠。"我们的睡眠主要靠两个方面维持，一是生物节律，即人体到了时间点就要去睡觉；二是睡眠的驱动力，如果在中午睡了一觉的话，那么你的睡眠驱动力就卸下了一部分，晚上的睡眠驱动力就会相应减少，尤其是老年人可能晚上更不容易睡着了，因此我们一般不推荐午睡。当然如果是白天特别长的夏天，睡眠驱动力非常多，这样可以适当午睡。"

"如果一定要午睡，午睡时间不能过长，建议不超过40分钟。因为过长午睡会使人体进入深睡眠期，如果此时强行从深睡眠期醒来，会感觉非常乏力、浑身不适等，反而让午睡失去了意义。"尹国平说。

"从中医角度看，午时为心经主时，适当午睡可以养心。中午阳气最为旺盛，在自然界阳气最旺盛的时候适当睡眠可以补养自身的阳气，从而达到强壮肌体的目的。不过长期失眠、睡眠不佳、午睡后加重夜间失眠者不宜午睡。"

2. 问：如果晚上睡得不好，能不能通过午睡、回笼觉等将睡眠补回来？

答：南京市第一医院心理门诊副主任医师牟晓冬指出："睡眠质量不能只看睡眠时间，夜间睡眠和日间睡眠对身体代谢及恢复的影响有所不同，夜间睡眠是无法靠白天睡觉弥补的。"尹国平也提到："包括回笼觉在内的白天的补充睡眠会直接干扰人体生物节律，人体包括五脏六腑在内都是应该活动的时候活动，不该活动的时候不活动，打破这一节律，势必对人体产生不利影响。同时要注意过犹不及，过度睡眠同样是不利于健康的。"

3. 问："睡个好觉"是否有规律可循？

答："想要获得高质量睡眠，要建立一个好的睡眠卫生习惯。"尹国平介绍："一是要睡眠有规律，固定时间点睡眠和起床，让身体和大脑养成良好的睡眠习惯，这样到时间了身体自然进入需要睡眠的状态。我们早上起来时也可以多晒晒太阳，给身体一个兴奋的信号，这样晚上更容易获得好睡眠。包括适当运动也是如此，都是让你清醒和睡眠时的精神状态差异加大，从而保证良好睡眠，当然临睡前一般不主张剧烈运动。二是营造良好的睡前环境，光线上要保证黑暗，睡前不要接受太强烈的光刺激；保证环境的安静、凉爽，睡前可以去泡澡、泡脚，但不建议冲澡，这样容易使大脑处于兴奋状态。三是避免睡前刺激身体和大脑，包括睡前使用电子产品、参加社交活动、吃东西、喝酒喝咖啡等，都是让身体处于兴奋状态，非常不利于睡眠。"

4. 问：长期睡眠不足的危害有哪些？

答：《2022中国国民健康睡眠白皮书》显示：44%的19—25岁年

轻人熬夜至 0 时以后，是当之无愧的"熬夜冠军"，由此所导致的长期困倦也成了年轻人的工作、生活常态。

对此，南京市第一医院心理门诊副主任医师牟晓冬提醒："长期睡眠不足的危害是全身性的。从身体健康方面看，长期睡眠不足包括睡眠节律的变化（例如晚间不睡白天补觉），会导致各种躯体问题，包括皮肤老化加速，血压、血糖、血脂升高，腹型肥胖发生等，并促进高血压、糖尿病、脂肪肝等慢性疾病的出现。从健康方面看，睡眠质量下降，会引起情绪稳定度降低，表现为烦躁易怒等，还会导致认知功能降低，包括注意力不集中、记忆力减退、思维速度变慢、思维条理性降低，学习和工作能力都会受到影响。"

尹国平介绍："研究证明，睡眠过程是大脑中垃圾被清理的过程。人体在睡眠时，脑脊液不断冲刷大脑，将大脑中的杂质和代谢产物冲刷掉，从而延缓大脑的衰老。睡眠不足将导致这一过程受到影响，人体出现神经退行性病变的概率增加。"[1]

# 第三节　主动参加各项活动

"磨刀不误砍柴功"。坚持参加一些必要的体育活动，乍一看来要花费一些时间，有时甚至要占掉看书学习的宝贵时间。但是，参加体育活动锻炼身体也是事关重大的事。很多时候，不是身体糟糕了才想起要去多运动，而是多参加各项活动，才会有好的身体。同时，体育锻炼有助于人体生理和心理向更积极更健康的方向发展。应让大学生充分认识、体验到参加体育锻炼对身体健康的重要性，从而增强大学

---

[1]秦伟利:《关于睡眠,你该知道的那些事》,《光明日报》2022 年 10 月 29 日,第 7 版。

生参加体育锻炼的动机，增加体育锻炼的频率。体育经费的投入是开展学校体育的保障，高校通常有着完善的体育设施，体育活动极为丰富，大学生可以参与的体育活动项目数不胜数。

客观上看，无论一所高校的体育设施是否完善，但大学生只要想投入到锻炼身体的活动中，还是处处都有机会的，可以根据自身的身体情况和环境条件，选择某项或多项体育活动，长期坚持，都能增强大学生的身体素质。长期坚持体育活动，能使全身筋骨结实，有效提高抗病能力。高校除了开设体育类课程、督促大学生运动外，还要做好大学生的体质监测。

要引导大学生走出一个错误认识：经常性宅在宿舍，更有益于身体健康。俗话说：生命在于运动。从这句话的表面意义来看，运动有利于身体健康。大学生参加体育活动动机正向影响体育锻炼行为且效果显著。青年大学生如果经常性宅在宿舍，那就意味着摄入营养多，而活动量不够，容易引发代谢性疾病，像高血压、高血脂、高血糖的发生。青年大学生运动量少，也会影响他们的免疫力。生理学家告诉人们，人在平静休息的时候，心脏每分钟压出的血量是三点五升，但在较剧烈的运动时，每分钟压出的血量可增至四十升。本来身体血液循环一周需要二十一秒，在运动时，可减少到十秒一次了。血液循环的加速，身体细胞因而获得了较多的养料，生产能力大增，在学习工作上的效率也就会提高。所以说，活动性的休息是非常必要的。[①]

以上是从大学生主动利用学校自愿参与体育活动。事实上，国家对于近些年来大学生体质逐年下滑，也是出台了硬规定，通过与是否正常毕业挂钩，来促使大学生必要运动，提高体质。早在 2014 年，教育部印发《高等学校体育工作基本标准》，明确规定"建立健全《国家

---

[①] 张植信：《追求 奋斗 理想》，辽宁人民出版社，1982，第 138 页。

学生体质健康标准》管理制度，学生测试成绩列入学生档案，作为对学生评优、评先的重要依据。毕业时，学生测试成绩达不到 50 分者按结业处理"，这就意味着不能毕业。2019 年，《教育部关于深化本科教育教学改革　全面提高人才培养质量的意见》要求，不能达到《国家学生体质健康标准》合格要求者不能毕业（合格要求是 60 分）。所以，体质监测并不是"有意为难"学生，而是为了建立健全培养机制，让学生坚持每天运动，并逐渐将运动变为生活的一部分。2020 年 10月《关于全面加强和改进新时代学校体育工作的意见》中明确，高等教育阶段学校要将体育纳入人才培养方案，学生体质健康达标、修满体育学分方可毕业。

# 第七章　教育和引导大学生珍惜时光

时光如流水，来者当力追。人生在世，既漫长又短暂。珍惜时光就是珍爱生命。"下次再说""明天再干"是大学生在有限生命的消蚀剂，训练大学生养成"把握住今天，胜过两个明天"的意识。因为生命没有改写"草稿"的机会；没有吃"后悔药"的可能；没有"从头再来"的待遇。时间是对生命的最好投资。逝去的东西往往更显得珍贵，作为过来人，我多么希望正处于人生关键时期的青年大学生懂得时间的一去不复返性，珍惜大好时光，用心去体味大学生活的每一天，在认真完成学业、取得学位的同时，不断充实和提高自己，让青春韶华在象牙塔里开出绚丽的花朵。浙江大学原校长竺可桢曾说："凡是办一桩事或是研究一个问题，大致可分为以下三个步骤：第一，以科学的方法来分析，使复杂的变成简单；第二，以公正的态度来计划；第三，以果断的决心来执行。"

## 第一节　珍惜时间和提高效率

教育引导青年大学生时间的稀缺性和价值性。俗话说："时光不等人。"歌德曾说："我的好朋友，要成就大事业，就要趁青年时代。"[1]

---

[1]艾克曼：《歌德谈话录》，洪天富译，译林出版社，2022。

日本著名企业家稻盛和夫说："把时间放在床上，成就了体重；把时间放在书上，成就了智慧；把时间放在锻炼上，成就了健康；把时间放在勤劳上，成就了财富；把时间放在市场上，成就了事业；把时间放在家庭上，成就了亲情；行动在哪里，收获就在哪里，心用在哪里，风景就在哪里……"国画大师齐白石曾手写条幅"不教一日闲过"，90多岁仍每天挥毫作画……年轻的大学生应该从这些成功者的身上感悟到"珍惜时间，方能成就人生"的真谛。

庄子云："人生天地之间，若白驹过隙，忽然而已。"时间最公正，每天给任何人都是二十四小时，时间又很不公正，它偏向于合理安排时间、抓紧时间干事的人。不同的人利用同样的时间，可以创造不同的价值。时间去了不复还，干劲过后还复还。珍惜就是动力，珍惜更是责任。但珍惜时间是手段，目的要明确，即学习或提高自己，这应该成为大学生最重要的事。大家不管干什么事，都忘不了学习，生活不管有多忙，都在见缝插针地看书学习！与其等待观望，不如行动起来。

大学生珍惜时间，就是在有效的时间内做该做的事情。人生最大的遗憾是拥有时不知道珍惜，失去后才后悔不已。可以与班里学生反复提到小学课本里就讲到的《寒号鸟》故事。通过讲述一只喜鹊和一只寒号鸟对做窝过冬的态度、表现和结果，生动有趣、具体形象地告诉学生一个哲理：要认真对待该做的事，不能得过且过，更不能懒惰，否则后果不堪设想，有时因为拖延不做事，带来不可逆转的恶果。拖延并不能省下时间和精力，刚好相反，它使你心力交瘁，疲于奔命。我们每个大学生不要以为大学时光好几年，还有许多时间。要知道时间是有脚的，会走，也会跑。无论是谁，不善待时间的人最终会受到时间的惩罚。当然，时间是公平的，不会对不同的人多一分、少一秒。若觉时间不足，首先要考虑时间安排是否出了问题。

学习要持之以恒，学习贵在坚持，有些同学却只有三分钟热度。和班主任及其他老师谈一次话积极性起来了，但过几天又觉得没意思或者遇到什么烦心的事又放弃了学习，这没有效果。若不可能持久地坚持学习，未来很难达到事业的巅峰。所有成功人士都有一个显著特点：有毅力。做任何一件事情都需要持之以恒，学习更是如此。成大事不在于力量的大小，而在于能坚持多久，所以要教诲所带大学生"时间万不能虚度，天道酬勤超同学"。记得著名主持人撒贝宁曾说："你未来什么样，取决于你现在做什么选择，如果你现在就坐在这等，那对不起，你的未来就是一片空白，但如果你现在不断地学习，不断地充实，不断地前进，你的未来，时刻因为你的努力在发生改变。"

据笔者在大学生期间和当班主任带学生的经验，大学期间主要任务仍然是学习。求知，是一条只有起点没有终点的路。要具有"长期学习"的意识。大学学习的重要性不亚于高中，只不过大学的出路比高考这个独木桥更宽阔一些。班主任老师要唤起大家学习的热情和共鸣，让大家牢记"学习从来不是一件容易的事情，但是努力学习真的是让一个人有了更多选择。"

大学的学习是打基础的阶段，尤其是大一的同学们，千万不可"如脱缰的野马，撒欢地玩儿或者社交"。可能高三的班主任和学生家长有这样一种或善意或无意的欺骗，"到了大学就脱离了学习的苦海"。大家进入大学后，若抱有这种错误思想，肯定会耽误个人的学业，甚至耽误就业乃至一生的发展。大学期间最重要的是大一，大一要打下坚实的基础，形成良好的学习习惯，当大学生主动作为、乐于学习、善于学习、敢于学习、喜欢学习的时候，你就会觉得苦中有乐。在学习当中，你看到了未来，看到了自己的前途和发展方向，也能够更加自信，因为你连学习这么"高大上"的烧脑细胞行为都做得这么好，还有什么事情能够给你带来困难呢？

如果没有这样一颗进取之心，没有这样一个持之以恒的决心，很难有效地把大学的学业坚持圆满完成。大学的学业很重，也是很苦的，学习科目多，要考的资格证多。和高中相比，身边又没有特别的监督和硬性的约束（若只是乐对"60分万岁"），完全在于大学生本人。所以，持之以恒的决心，对于青年大学生来说尤为重要，这也是大学生能够取得一个又一个胜利的必备法宝之一。

时钟不会逆时针而转，光阴也不会为谁停留。与其为流逝的时光感到惶恐不安，还不如踏踏实实抓住每分每秒。应该说，成功总是垂青那些坚韧不拔者，厚爱那些在有限的时间有效做事者。学习没有完成时，是不间断的进行时。都说人生如戏，但戏能重演，人却回不去。"圆规为什么能够画圆？因为脚在走，心不变。"心不变，是说人生应该有一个明确的方向，坚定的信念；脚要动，是说人生应该勤奋地干事，勤奋是成功的阶梯。

鲁迅先生提出"时间就像海绵里的水，只要愿意挤总还是有的"观点。他还说，"哪里有天才，我只是把别人喝咖啡的工夫用在工作上。"一个"挤"字，是众多成功人士珍惜时间的生动体现，也是大学生在高校乃至以后工作中需要牢记的硬措施。"非静无以成学，非学无以成才。"越是想超过身边的同学，越需要在"乱花渐欲迷人眼"的大学生涯，超常规做到"三耐住"：耐住静，耐住苦，耐住熬。也就是说，要想有所作为就得做到有所不为。客观地讲，高校办学水平有高低，大学生入学时的生源质量有高低，若让所带的大学生个个都像高中阶段那样惜时如金也不现实，但通过反复引导，特别是利用开班会的"正点"良口苦心劝说，能够让同学们敬畏时间，在有限的学涯阶段多做一些向上的事情，最终学生会在静水流深的好状态下又好又快发展。

时间用在哪里，哪里才会开花结果。孟子曾说："人有所为，有所不为。"俗话说，"家有三件事，先从紧处来。"时间是一种具有极其稀缺特征的资源，抓得住的时间才有价值。最大限度地提高办事效率，其实是延长了一个人的相对时间。不提高效率，磨磨蹭蹭地熬时间，就是看起来很勤奋，实则假装勤奋的表现。所有的努力，都应该深入其中，而不是飘在上面，努力不仅仅是超越别人，更重要的是超越自己。

歌德曾说："在今天和明天之间，有一段很长时间，趁你还有精神的时候，学习迅速地办事。"鲁迅深刻而生动地阐述了时间的重要性，"时间，每人每天得到的都是二十四小时，可是一天的时间给勤劳的人带来智慧与财富，给懒散的人只能留下一片悔恨。"俞敏洪曾经讲过："在你有了足够的睡眠的前提之下，其他的时间，一定要尽可能地少浪费。没有应酬，我吃饭15分钟，中午睡20分钟的午觉，剩下来就是全部排得密密麻麻的工作，时间的维度对我来说是15分钟一个维度。有的人是一个小时有的人是两个小时有的甚至一天，但是我的维度是15分钟，当然我并不一定说每15分钟就换一份工作，比如说新东方有人来拜访我，可能只给15分钟。原因很简单：我不能把时间浪费在我不该浪费的事情上面。"

美国心理学教授安杰拉·达科沃思曾提出："一个人成功的核心要素，不是智商，不是情商，而是这个人坚韧不拔的心理韧性。"在校大学生特别是男生群体，却有一部分因玩网络游戏或刷抖音、看直播等娱乐活动而影响到成绩甚至留级或者辍学。古人云："玩物而丧志。"班主任应时时刻刻提醒大学生"有趣的不一定有用，有用的不一定有趣"。

时间不会辜负大学生的每一分努力，1万小时定律，有其合理性。正如作家格拉德威尔所说："1万小时的锤炼，是任何人从平凡变成世界级大师的必要条件。"马克思认为："时间是人的发展的空间"。

中国传统文化强调："功崇惟志，业广惟勤。"诸葛亮在《戒子篇》中说："非宁静无以致远。夫学须静也，才须学也，非学无以广才。"刘强东曾在一次接受采访时提到："我有个本领，即静，我学习的时候能百分之百地投入，只要我看书，任何人喊我，不管多大声，我都听不见，你们必须摇我肩膀我才能感觉到。"事实充分证明：行动是通向知识的唯一道路。古希腊哲学家柏拉图曾说过："无论你什么时候开始，重要的是开始后不要停止；无论你什么时候结束，重要的是结束后就不要悔恨。"

小议"说"和"做"。说与做，这是个老话题。《荀子·大略》中说："口能言之，身能行之，国宝也。口不能言，身能行之，国器也。口能言之，身不能行，国用也。口言善，身行恶，国妖也。治国者敬其宝，爱其器，任其用，除其妖。"意思是，既能说又能做的人是国家的至宝，不善说但能做的人是国家的器物，只能说不能做的人只能是国家的工具，话说得好但做坏事的人简直就是国家的妖孽。告诫为政者敬重国宝，爱护器具，使用工具，铲除妖孽。这大概算得上古人对说与做最为经典、精辟的一段论述了。读之令人拍案叫绝。春秋时期的孔子在经历了"以言取人，失之宰予；以貌取人，失之子羽"的教训后，逐渐总结出一套独特的知人方法，其一就是听其言而观其行。也从一个侧面说明了说和做必须统一起来的道理。说话在板，做事靠谱，也成为历代的人们衡量人品优劣的重要标准。

说，无疑算得上是一门学问，是一个人官德人品等综合素质的外在表现形式。说什么，怎么说，关乎事业成败。习近平总书记在河北省参加省委班子专题民主生活会时的讲话中曾引用一句古语："千人之诺诺，不如一士之谔谔。"此语出自《史记》中记载战国策士赵良对秦相商鞅的谏言。意思是说，一千个人说恭维话，不如一个人说真话有价值。当时商鞅听了赵良的话感慨地说："貌言华也，至言实也，苦言药也，甘言疾也。"意思是，美词巧言好比花朵，直言不讳好比果实，逆耳之言好比药食，甜言蜜语好比疾病。这无疑是对"说"所做的最好诠释。说话，就要说符合客观规律发展的话，说对促进人类发展进步有益的话。而不说那些听起来花里胡哨、云里雾里、不着边际的空话、虚话、假话、套话。

做，更是一门要求很高的基本功。我国明代思想家王阳明曾提出"知行合一"的哲学命题，强调人内心对事物的认识，要与自己的实际行为相一致。宋人赵善璙在《自警篇·诚实》中说："自此言行一致，表里相应，遇事坦然，常有余欲。"这些说与做相统一的富有人生哲理的观点，早已成为中华文化的核心内容之一。习近平总书记在福建工作时就曾反复强调，"干部干部，干是当头的"，"干部一定要抓'做功'，而不是'唱功'。"要求干部不能"只有表态没有表率"，必须在行动上敢于担当，真抓实干；面对群众诉求，不能"口惠而实不至"；必须要调查研究、解决问题，"我们党最讲认真，言必行，行必果，说到做到"。要多说真话、实话，更要多办实事、好事，在行动上敢担当，只有这样，才能把工作做好，让群众满意。那种"天桥上的把式——光说不练"，不仅不利于人的健康成长，还会影响党的事业发展进步。

习近平总书记在党的二十大报告中强调，"空谈误国，实干兴邦。"[①] 中国式现代化建设需要大批既能说又能做的"国宝"。要做到说到点子上，干在有益处。言行一致，表里如一，是对一个人尤其是党员干部最基本的要求。要做到这一点，需要长期地学习实践。首要的就是通过认认真真地学习提升境界，确立正确的世界观人生观价值

---

①习近平:《高举中国特色社会主义伟大旗帜　为全面建设社会主义现代化国家而团结奋斗——在中国共产党第二十次全国代表大会上的报告》,人民出版社,2022,第71页。

观。言为心声，要把话说好，先把心放正。其次就是要通过扎扎实实的实践增长本领。想干还得会干，只有将自己的想法付诸实践结出实果，才能品尝到行动的甜头。再次就是通过切切实实的用人导向促进知行合一。更多地器重既说得好又做得好的"国宝"，让空泛表态、不干实事的人得不到好处，及时清除说好话干坏事的"国妖"，无疑会扶正祛邪、树立新风正气，有利于好人舒心地干事，从而推动事业健康快速发展。

从知道到做到，需要付出多大的努力？许多年轻大学生，晚上想着走千条路，早上起来走原路。大学生如果只是沉溺于幻想和憧憬之中，而不能付诸行动，终将一事无成。马克思认为"人是一个有激情的存在物。激情、热情是人强烈追求自己的对象的本质力量"①。

学习的好坏，不光取决于学习的刻苦程度，还取决于是否有科学的方法，取决于学习的效率如何。提高效率极为重要，这是我们抓住机会的一个基础。没有高效率，就没有更多时间抓住众多机会。当然，有机会不等于必然成功，但没有机会，一定不会成功。人的一生中能够拥有的机会有限，稍纵即逝，犹如乘坐的电梯、公交车，如果这趟搭不上，它就从眼前过去了。所以，必须提高效率，等机会来时，一定要懂得好好把握。

## 第二节　在学习方面肯花时间

一个人成就怎么样，往往靠他怎么样利用每一分钟的时间。班主任老师应引导青年大学生在学习时坐得住，不浮躁，下笨功夫，"慢

---

①马克思、恩格斯：《马克思恩格斯全集（第42卷）》，人民出版社，第168—169页。

工出细活"，懂得厚积薄发、稳住心神的人，终会成大器。不要把赌注押给明天，时间被利用了就是财富，没有被利用就是流水。真正属于自己的时间，就是当下。努力，就要立即行动，拒绝拖延，该今天干的事，绝对不要推到明天。《明日歌》生动地表达出只想明天完成任务的悲催："明日复明日，明日何其多，我生待明日，万事成蹉跎。"

"叫醒你的不是闹铃，而是你的理想"。达成目标离不开努力学习的过程，而结果存在于过程之中。中国机长刘长健在万米高空突遇驾驶舱风挡玻璃爆裂脱落、座舱释压的极端罕见险情，临危不惧挽救灾难。事后统计，在危机关头，至少有 36 处关键点，一旦有一个失误就机毁人亡。创造奇迹，主要是平时理论知识和实践技能掌握得扎实，可以说成功没有偶然，只有必然。热爱是最好的老师，成功在于坚持不懈。要每时每刻都让积极向上的理念，推动自己不懈奋斗的脚步，达到"只管耕耘，莫问收获，好结果会水到渠成"的宁静心态。而实践往往证明，只要耕耘，终有收获。虽然会有一些挫折，但在失败的过程中也是希望在孕育的时候。

柏拉图说："成功的唯一诀窍，是坚持到最后一分钟。"有人把成功说成是运气好了点，这一定是谦虚的说法，不是他真实的心里话。有人把成功比喻"肯下笨功夫"，这是比较通用的做法。要改变命运，急不得，快就是慢，慢亦是快，要撸起袖子加油干。有多少次失败，就有多少次奋起。成功的背后，虽然有汗水和泪水的付出，但换来的是更多的幸福与欢乐。

可以通过一则形象的事例引导青年大学生。在看《动物世界》节目时，仔细观察企鹅从水中登陆的全过程，很有意思：企鹅要上岸时，它会猛地低下头，从海面扎入水中，拼力沉潜，潜得越深，海水产生的压力和浮力就越大，企鹅一直潜到适当深度，再摆动双脚，迅猛地向上一冲，就会如离弦之箭一样蹿出水面，落到陆地或浮冰上。讲完这个例子后，联系实际引导大学生：人生难有一帆风顺，大学生的成长进步也一样，越在困境中越要勇敢面对，要像企鹅那样主动"沉潜"下去，专心致志、聚精会神地积聚力量，心无旁骛地学习积累，尽心尽责地干好每一项工作，认真细致地办好每一件事，为阶段性发展打好基础，做好充分准备。如果能够做到这些，定能破水而出，取得学习上的优异成绩，获得大学阶段学业上的成功。

## 第三节　课余生活不浪费时间

两千多年前的孔子曾站在岸边感叹："逝者如斯夫，不舍昼夜。"时间就像流水一般在不知不觉中流走了。人的差距在八小时之外，业余时间是我们的"自留地"。要让青年大学生们相信，你每一天的付出，最终决定了你未来能走多远。坚决拿出"破釜沉舟，百二秦关终属楚"的气概，分清主次，今日挺过诱惑不干什么，等后期达到目标如考上研究生或找到工作后，尽兴地做些自己喜欢的事情，弥补一下自己。其实，大学生脑中有了明确的目标，就不会轻易地在课余生活浪费时间。因为有目标的大学生在瞄准心中目标往前奔跑，没有目标的大学生不知道怎么提升自己而在闲晃，有目标的人睡不着，没有目标的人睡不醒，因为不知道起来干什么。没有目标的大学生终会在"少壮不努力，老大徒伤悲"的后悔中痛苦。

毕淑敏曾说："在光芒万丈之前，我们都要欣然接受眼下的难堪和不易，接受一个人的孤独和偶尔的无助，认真做好眼前的每一件事，你想要的都会有。"为了激励青年大学生惜时学习，可以把《钢铁是怎样炼成的》书籍中的几句话与同学们共勉，即"人最宝贵的是生命，生命对于人只有一次，人的一生应该这样度过：当回忆往事的时候，他不会因为虚度年华而悔恨，也不会因为碌碌无为而羞愧"。虽然这些话有些久远，但它最能表达一个人应该怎样去对待生命，对待组成生命的时间。2023 年 12 月 11 日，北京降雪后，在北京科技大学的校园内，有网友拍到感人一幕。茫茫白雪中葛昌纯院士骑着三轮车，前往实验室，风雪无阻。

周国平说，独处是一种主动的孤独。你认识到独处的价值之后，你愿意独处，独处会给你带来一些收获。独处是心灵的整合。英国作家安东尼·斯托尔说，从心理学的角度来看，人需要独处，是为了进行内在的整合。什么叫整合呢，一个人每天生活要接受很多信息，有很多经验，整合就是把新吸收、新得到的信息和经验放到内在记忆的某一个恰当位置，经过整合来消化外来的印象，这样你的自我就成为既独立又生长着的系统。这样一个过程，笔者觉得是特别重要的，其实它关系到一个人能不能形成一个有条理的自足的一种内心世界。这又会影响到它和外部世界的关系。打个比方，世界就是你的食物。你天天吃东西，实际上你是在从世界中吸收营养，独处就是你消化营养的过程。一个人天天吃宴席，他就不会有好的胃口，频频地周游世界，就不会有好的感受力。所以，两者应该结合起来，一方面你在生活，尽可能让你的生活丰富一些，但是另一方面你要有安静的时候。如果天天在活动和人际交往，没有自己独处的时间，几天下来，你就觉得乱糟糟的，不是自己了。你没有时间来整理你的内心世界，用乱糟糟的内部世界去面对外部世界时，你就没有能力再重新接受世界上的好东西了。一味地填充，容易让人麻木，变得混乱。耐得住寂寞才能守得住繁华，该奋斗的年龄不要选择安逸。

浪费时间的外在表现有多种，比如经常性地玩电子游戏、每天几个小时沉浸在手机中、长期睡眠超标、心思扑在校外打工导致无法兼顾学业……对于这些负面类型，既可以拿身边的大学生提醒学生，也可以把网上看到的"因为深陷网络游戏或者手机琐碎信息而不能自拔的负面类型"推荐给班级群里，让大家"有则改之，无则加勉。"

无法做到一一列举出具体的行为，但是可以把握一个标准来认定浪费时间，即与学业无关，与综合成长无关，不符合大学生应有的身份。大学生学的是为国家为民族为自己的大学问，应有绝不敢懈怠之意，尽量不要浪费一日之光阴，因为时间对每个人都是"24 小时"的绝对公平。

人生最大的痛苦就是无所事事。得寓于失，乐寓于苦，成功寓于奋斗，奋斗成就梦想。心中有梦，眼中有光，就一定会脚下有路。8 小时学习之外的课余生活怎么利用，决定了大学生是一个怎么样的大学生。凡能辨别有用和无用而从事有用工作，就是思想明白的人。所以说，思想不先明白，则人的行动就会徒劳无功。大学生利用好闲暇时间做提质增效的有意义事情，不知不觉中决定了他的未来。有这样一句话："世界就是一批人忙着改变，而另一批人一段时间之后发现世界变化得有些大。"大学生避免无所事事的办法，就是为自己制订详细的读书计划、生活计划、锻炼计划，让自己的生活充实起来。因为，时间不仅仅是生命，也是为了寻找生命的过程。

大学生也要有"精益求精，后来居上"的态度和目标。

1965 年 3 月，在大型音乐舞蹈史诗《东方红》基础上再创作的电影《东方红》开始了拍摄前的一系列准备工作。无论是音乐舞蹈史诗《东方红》创排还是电影《东方红》的摄制，都是在周恩来的关怀和指导下进行的。因此，当时负责电影《东方红》摄制的同志想请他题写片名，以留纪念。4 月 5 日，周恩来看到请他题字的报告后，欣然写下"精益求精，后来居上"这八个字。

所谓"精益求精"，就是要高标准、严要求，不怕麻烦、反复打磨。周恩来在指导《东方红》摄制时反复强调："电影要再创作，需要有高要求、高姿态"，"不要急于赶任务，不要怕再三再四地修改"，"现在多磨一磨，把它拍好"。所谓"后来居上"，就是电影要比舞台演出有改进和提高。音乐舞蹈史诗《东方红》已经取得了很高的艺术成就，但是在周恩来看来，艺术要不断创新和提高。"把《东方红》搬上银幕，要进行再创作，把舞台上的缺点弥补起来"。他要求发扬艺术民主，走群众路线，打破框框，"创造出新的东西"，"把它升华、提高"。这其中，"精益求精"强调的是态度，而"后来居上"强调的是目标，两者各有侧重，但是又相互统一。只有坚持精益求精，不断精雕细琢、发展超越，才能实现后来居上的目标。

在周恩来的指导和全体工作人员的努力下，1965年国庆节，电影《东方红》如期上映，获得了广泛好评，成为新中国文艺史上一部思想性与艺术性俱佳的代表性作品。影片《东方红》的成功，也充分说明了文艺工作需要以精益求精的态度，不断创新提高、发展前进的道理，对于我们今天推动文艺工作乃至一切事业高质量发展依然有着重要启示。①

成功没有捷径，唯有坚持。若大学生有时感到很焦虑、烦躁，又不知从何开始改变，班主任可以从以下几方面循循善诱地指导。一要静下心，根据截止时间，来列出几个大的目标，并写下要实现的办法，每天需要做些什么。二是立即行动，坚决不拖延，当自己感到无趣想中断时，就告诉自己再坚持十分钟，十分钟后很大程度上会缓解烦躁。三是适时奖励一下自己，让自己感到付出有价值。四是听一些舒缓的

---

① 茅文婷：《周恩来："精益求精，后来居上"》，《党的文献》2022年第5期。

歌曲，或者和大学生好友特别是积极向上的同学一起在校园里聊天、运动，相互激励。班主任可以把几首颇有意蕴的诗词推荐给班里学生，让其从前人身上找到对冲焦虑的智慧和力量。

第一首：告诉我们要珍惜今天，用今天的行动避免后期的没有时间去完成的被动。

### 明日歌
#### ——明·钱福

明日复明日，明日何其多。

我生待明日，万事成蹉跎。

世人苦被明日累，春去秋来老将至。

朝看水东流，暮看日西坠。

百年明日能几何？请君听我明日歌。

第二首：适当的散步，用内心安静去对冲莫名的焦虑。

### 东 郊
#### ——唐·韦应物

吏舍跼终年，出郊旷清曙。

杨柳散和风，青山澹吾虑。

依丛适自憩，缘涧还复去。

微雨霭芳原，春鸠鸣何处。

乐幽心屡止，遵事迹犹遽。

终罢斯结庐，慕陶直可庶。

第三首：找高人或者榜样倾诉一番，寻得动力再行动。

### 题鹤林寺僧舍
#### ——唐·李涉

终日昏昏醉梦间，忽闻春尽强登山。

因过竹院逢僧话，偷得浮生半日闲。

第四首：不要想得太多，瞄准一个目标，完成后再接着做，免得被无头绪的一堆事压在心间。

## 绝句漫兴九首·其四

——唐·杜甫

二月已破三月来，渐老逢春能几回。

莫思身外无穷事，且尽生前有限杯。

# 第八章　教育和引导大学生永远跟党走

中国共产党一经成立，就把马克思主义写在自己的旗帜上，就把实现共产主义作为党的最高理想和最终目标。在中国共产党的带领下，正在迈向实现中国特色社会主义现代化国家的新征程。青年大学生，要实现社会价值和个人价值有机统一，就一刻也离不开党的教诲，理应永远跟随伟大、光荣、正确的中国共产党。

## 第一节　讲透马克思主义理论

当前，青年大学生除了课堂上学习马克思主义理论课之外，还有海量的权威网站及大块的时间做好团课、党课的学习，青年大学生可以很好地吸收马克思主义理论的精髓。党的理论创新每前进一步，理论武装就要跟进一步。党的创新理论是解决今天问题的最鲜活的马克思主义。理论上的成熟是政治上成熟的基础，政治上的坚定源于理论上的清醒。掌握党的创新理论的深度，决定着政治敏感的程度、思维视野的广度、思想境界的高度。班主任可以在把握正确的政治前提下，选择一些把握最新精神和更为"解渴"的理论文章，推荐给同学们，供其学习，学之愈深，知之愈明，信之愈真。使之既快又好地掌握马克思主义理论。

比如，推荐陈映霞教授撰写的《在马克思主义的科学指引下勇毅前行》一文。马克思主义指导中国共产党人找到了精神之基。自鸦片战争开始，由于西方列强的入侵、封建统治的腐朽，中华民族灾难深重，中国人民饱受战乱之苦。为了改变国家前途和命运，爱国先驱们前赴后继、艰辛探索，但各种救国方案最终都宣告失败，其中一个很重要的原因就在于他们的奋斗目标或者脱离现实陷于空想，或者违背历史发展潮流和中国社会实际而趋于反动或保守，从而让他们的救国行动最终湮没于历史的洪流中。只有中国共产党人，在马克思主义的科学指引下找到了崇高的远大理想——共产主义，才有了奋斗拼搏的目标和前行的强大精神动力。

马克思主义指导中国共产党人找到了科学之法。马克思主义不仅是一种社会历史理论，为人类指明了前进方向和未来发展趋势；它还是一种科学世界观，为人类提供了正确观察和把握世界的思想方法。马克思主义唯物史观的前提就是坚持世界的物质性，在它的视域中，不仅自然界是物质的，人类社会本质上也是物质的，而且人的意识也统一于物质。正如恩格斯所指出的那样："世界的真正统一性在于它的物质性，而这种物质性不是由魔术师的三两句话所证明的，而是由哲学和自然科学的长期的和持续的发展所证明的。"这就是马克思主义的世界物质统一性原理，它是整个马克思主义理论的基石。一切从实际出发是这一原理在现实生活和实际工作中的生动体现，也是中国共产党对这一原理的继承、发展和灵活运用。

在马克思主义理论中中国共产党人找到了力量之源。马克思主义不仅是一种社会历史理论和科学认识方法，它还是一种工作方法和行动指南，为中国共产党人指明了朝着共产主义理想前行的依靠力量和服务对象。马克思主义从社会存在决定社会意识出发，强调人类历史不是神创造的，也不是某种精神创造的，而是"人们自己创造的"，

"历史活动是群众的事业，随着历史活动的深入，必将是群众队伍的扩大"。人民群众是历史的创造者，不仅创造了人类社会的物质财富，也创造了社会的精神财富，并且通过革命和改革推动历史变迁和社会形态更替，成为社会变革的决定力量，这就是马克思主义的群众史观，科学阐明了无产阶级政党的阶级属性和宗旨立场，是中国共产党工作路线的理论基础。①

再如：推荐《马克思主义为什么行？中国化时代化的马克思主义为什么行？》一文。

"中国共产党人深刻认识到，只有把马克思主义基本原理同中国具体实际相结合、同中华优秀传统文化相结合，坚持运用辩证唯物主义和历史唯物主义，才能正确回答时代和实践提出的重大问题，才能始终保持马克思主义的蓬勃生机和旺盛活力。"党的二十大报告中关于"两个结合"的重要论述，大大深化了我们党对坚持和发展马克思主义的规律性认识，对于更好理解和把握习近平新时代中国特色社会主义思想，不断谱写马克思主义中国化时代化新篇章，具有重大而深远的意义。

先进的思想总是与非凡的事业彼此辉映，科学的理论总是与伟大的实践相互激荡。新时代新征程，继续把马克思主义基本原理同中国具体实际相结合、同中华优秀传统文化相结合，不断推进马克思主义中国化时代化，马克思主义必将焕发更璀璨的真理光芒。②

恩格斯说："一个民族要走在时代前列，就一刻不能没有理论思维，一刻不能没有正确思想指引。"③马克思主义是我们立党立国的指

---

①陈映霞：《在马克思主义的科学指引下勇毅前行》，党建网，2022年10月13日。

②求是网评论员：《坚持和发展马克思主义必须做好"两个结合"》，求是网，2022年10月27日。

③《一篇闪耀着马克思主义真理光芒的纲领性文献》，《人民论坛》2022年10月26日。

导思想，是我们认识世界、把握规律、追求真理、改造世界的强大思想武器。1920年初，毛泽东同志写出"主义譬如一面旗子，旗子立起来了，大家才有希望，才知所趋赴"这样的名句。

在历史和人民的选择中，马克思主义成为我国社会主义教育最鲜亮的底色，也成为我国教育改革发展的旗帜和灵魂。作为班主任要认识到，在给班里学生讲清楚马克思主义理论之前，自己要先学一步，深学一层。坚持以马克思主义为指导，首先要解决真懂真信真用的问题。只有真正弄懂了马克思主义，才能真正信仰马克思主义，才能增强辨别能力，更好抵御各种错误思潮。坚持以马克思主义为指导，核心是要解决好"为什么人的问题"。

习近平总书记在党的二十大报告中指出："中国共产党为什么能，中国特色社会主义为什么好，归根到底是马克思主义行，是中国化时代化的马克思主义行。"[①]承担育人重要职责的高校班主任，要在学、思、践、悟习近平新时代中国特色社会主义思想上强力引导、全员推动、扎实推进、见到实效。班主任在教育引导过程中，善于把"大道理讲实，难道理讲懂，老道理讲新，小道理讲正，歪道理驳倒"。避免讲那些"正确的废话、没用的大话、严谨的套话、人云亦云的老话和不解决问题的空话"，力求班会开得简单明了，班会中的每句话都管精管用。

"学思践悟"习近平新时代中国特色社会主义思想，高校班主任要引导大学生认真"学"，加强理论武装。"学"是基础和前提。没有"学"，其他就是"无本之木、无源之水"。同时，也要持续加强新时代党的创新理论武装，高校班主任要读原著、学原文、悟原理，把思想

---

①习近平:《高举中国特色社会主义伟大旗帜　为全面建设社会主义现代化国家而团结奋斗——在中国共产党第二十次全国代表大会上的报告》,人民出版社,2022,第16页。

和行动统一到党的二十大精神上来。要把习近平新时代中国特色社会主义思想和党的二十大精神作为教育培训的重要内容，要适时举办高校班主任读书班，推动"关键少数"发挥引领作用。

鼓励深入"思"，练就过硬本领。"思"是"学"的延伸。经过思考的加工，学习的知识才更深刻，更具指导性。要分级分类进行全覆盖培训，为高校班主任提供边学边思的时间、空间和平台。讲好"为什么做"的思想源头、理论依据、深层次道理，提升高校班主任"思"的靶向性和精准度。

帮助扎实"践"，坚定人民立场。"践"是"思"的落脚点。只有把经过思考的知识用于实践，才能解决发展中遇到的问题。要深挖红色资源，发挥改革、建设、脱贫、抗洪、防疫等一系列党性教育基地作用，推动高校师生走进现场"践"，增强认同感和感染力。要引导年轻班主任在基层一线当几回"热锅上的蚂蚁"，经风雨、见世面、练筋骨、强本领。

推动真切"悟"，突出履职担当。"悟"是"践"的升华，总结规律，内化于心，才能真正外化于行。要经常性创造条件，既"请进来"讲，又"走出去"交流取经，要把奋斗目标分解出来，纳入平时考核、绩效考核、评先评优、职务职级晋升等，强化"悟"真理的积极主动性。用足用好批评和自我批评手段，推动高校班主任以问题为导向，运用马克思主义世界观、方法论发现问题，总结经验，汲取教训，提炼方法，指导具体工作，增强"悟"的科学性。[①]

---

①李梦涛：《"学思践悟"习近平新时代中国特色社会主义思想》，《中国组织人事报》2022 年 10 月 26 日。

## 第二节　新时代中国共产党开展的主题教育

向青年大学生积极介绍我们党在新时代开展的主题教育。

截至 2023 年底，党的十八大以来，我们党先后在党内开展了六次集中主题教育，即党的群众路线教育实践活动、"三严三实"专题教育、"两学一做"学习教育、"不忘初心、牢记使命"主题教育、党史学习教育和学习贯彻习近平新时代中国特色社会主义思想主题教育。在这六次党内集中主题教育中，党史学习教育都能贯穿始终。《中共中央关于在全党深入开展党的群众路线教育实践活动的意见》明确指出："学习党的光辉历史和优良传统。"习近平总书记在中央政治局"三严三实"专题民主生活会上的重要讲话中明确提出："要加强对历史的学习，特别是对中国古代史、中国近现代史、中国共产党党史的学习，历史是一面镜子，从历史中得到启迪、得到定力"。中共中央办公厅《关于在全体党员中开展"学党章党规、学系列讲话，做合格党员"学习教育方案》明确要求："学习党的历史，学习革命先辈和先进典型。"中央"不忘初心、牢记使命"主题教育领导小组《关于在"不忘初心、牢记使命"主题教育中认真学习党史、新中国史的通知》明确要求："各地区各部门各单位把学习党史、新中国史作为主题教育重要内容，不断增强守初心、担使命的思想和行动自觉。"2020 年中共中央办公厅印发的《关于巩固深化"不忘初心、牢记使命"主题教育成果的意见》，明确提出"开展党史、新中国史、改革开放史、社会主义发展史专题教育"的要求。在第五次党内集中教育中，专门突出党史学习教育这一主题。2021 年 2 月，中共中央印发《关于在全党开展党史学习教育的通知》，召开党史学习教育动员大会，习近平总书记出席大会并发表重要讲话。随后，中共中央办公厅印发《关于在全社会开展党史、新中国史、改革开放史、社会主义发展史宣传教育的通知》，党史学习教育在全党全社会全面展开、深入推进。

### 1. 党的群众路线教育实践活动

这是 2013 年 6 月至 2014 年 10 月开展的紧紧围绕保持和发展党的先进性和纯洁性，以"为民、务实、清廉"为主题，按照"照镜子、正衣冠、洗洗澡、治治病"的总要求，自上而下在全党开展的一次教育活动，是党的十八大做出的一项重大部署。

2013 年 5 月 9 日，中共中央下发了《中共中央关于在全党深入开展党的群众路线教育实践活动的意见》（以下简称《意见》）。《意见》明确中共中央政治局带头开展，从 2013 年下半年开始自上而下分两批进行，2014 年 10 月基本完成。教育实践活动以贯彻落实中央八项规定精神为切入点，突出作风建设，着力解决突出问题，主要是坚决反对形式主义、官僚主义、享乐主义、奢靡之风，以县处级以上领导机关、领导班子和领导干部为重点，广大党员要普遍受到一次马克思主义群众观点和党的群众路线教育、党性党风党纪教育和道德品行教育。活动第一批为省部级领导机关和副省级城市机关及其直属单位以及中管单位，于 2013 年 6 月开始，大体安排半年时间。活动第二批为省以下各级机关及其直属单位和基层组织，于 2014 年 1 月开始进行，2014 年 10 月基本结束。根据中共中央统一安排，中共中央政治局常委在第二批教育实践活动中分别联系一个县。活动的主要任务包括：教育引导党员干部树立群众观点，弘扬优良作风，解决突出问题，保持清廉本色，使干部作风进一步转变，干群关系进一步密切，为民务实清廉形象进一步树立。活动的总体要求：要坚持围绕中心、服务大局，全面贯彻落实党的十八大提出的各项任务要求，把作风建设放在突出位置，以作风建设的新成效凝聚起推动事业发展的强大力量。要落实为民务实清廉的要求；要牢牢把握基本原则；要着力解决突出问题。

2014年10月8日，党的群众路线教育实践活动总结大会在北京召开，习近平出席会议并发表重要讲话，强调群众路线是我们党的生命线和根本工作路线，加强和改进党的作风建设，核心问题是保持党同人民群众的血肉联系。这次活动中，广大党员、干部受到马克思主义群众观点的深刻教育，贯彻党的群众路线的自觉性和坚定性明显增强；形式主义、官僚主义、享乐主义和奢靡之风得到有力整治，群众反映强烈的突出问题得到有效解决；恢复和发扬了批评和自我批评优良传统，探索了新形势下严肃党内政治生活的有效途径；以转作风改作风为重点的制度体系更加完善，制度执行力和约束力得到增强；影响群众切身利益的症结难点得到突破，党的执政基础更加稳固。这次活动，赢得了人民群众的信任和拥护，夯实了党的执政基础，提高了为人民服务的本领，具有十分重大而深远的意义。

**2."三严三实"专题教育**

2014年3月9日，习近平总书记在参加十二届全国人大二次会议安徽代表团审议时，明确提出"三严三实"的要求，强调各级领导干部都要树立和发扬好的作风，既严以修身、严以用权、严以律己，又谋事要实、创业要实、做人要实。

"三严三实"要求是共产党人最基本的政治品格和做人准则，也是党员、干部的修身之本、为政之道、成事之要。

2015年4月10日，中共中央办公厅印发《关于在县处级以上领导干部中开展"三严三实"专题教育方案》（以下简称《方案》）。《方案》要求，要深入学习贯彻党的十八大和十八届三中、四中全会精神，深入学习贯彻习近平总书记系列重要讲话精神，紧紧围绕协调推进"四个全面"战略布局，对照"严以修身、严以用权、严以律己，谋事要实、创业要实、做人要实"的要求,聚焦对党忠诚、个人干净、敢于担当,着力解决"不严不实"问题,切实增强践行"三严三实"要求的思想自觉和行动自觉,努力在深化"四风"整治、巩固和拓展党的群众路线教育实践活动成果上见实效,在守纪律讲规矩、营造良好政治生态上见实效,在真抓实干、推动改革发展稳定上见实效。

从 2015 年 4 月底开始,"三严三实"专题教育在全党展开,中共中央政治局带头,坚持以上率下、示范带动。各级党委主要抓了集中学习、专题党课、专题研讨、查摆整改四方面的工作。

作为党的群众路线教育实践活动的延展深化和加强党的思想政治建设与作风建设的重要举措,"三严三实"专题教育不分批次、不划阶段、不设环节,各级同步进行。它不是一次活动,而是融入领导干部经常性学习教育。

"三严三实"专题教育,对县处级以上领导干部在思想、作风、党性上进行了又一次集中"补钙"和"加油"。特别是绷紧了政治纪律和政治规矩这根弦,使深化党风廉政建设有了更加明确的方向。

**3."两学一做"学习教育**

2016 年 2 月 24 日,中共中央办公厅印发《关于在全体党员中开展"学党章党规、学系列讲话,做合格党员"学习教育方案》,对开展"两学一做"学习教育作出部署。这是新形势下加强党的思想政治建设的一项重大部署,是推动全面从严治党向基层延伸的有力抓手。

党的十八大以来,中国共产党持续推动党的思想政治建设,先是在全党深入开展党的群众路线教育实践活动,接着在县处级以上领导干部中开展"三严三实"专题教育。在两次集中性教育均取得明显成效的基础上部署开展"两学一做"学习教育,就是要推动党内教育从"关键少数"向广大党员拓展、从集中性教育向经常性教育延伸,把全面从严治党要求落实到每个支部、落实到每名党员。

在党中央坚强领导下，各级党组织按照方案要求，以尊崇党章、遵守党规为基本要求，以用习近平总书记系列重要讲话精神武装全党为根本任务，坚持基础在学、关键在做，着力解决党员队伍在思想、组织、作风、纪律等方面存在的突出问题，扎实有序开展学习教育，取得显著成效。通过"两学一做"学习教育，全党在思想、作风、党性上进行了又一次集中"补钙"和"加油"，广大党员干部"四个意识"显著增强，党内政治生活更加严格规范，基层党建突出问题得到有效解决，领导干部骨干带头作用、基层党组织战斗堡垒作用、党员先锋模范作用得到进一步发挥。

2017年3月，中共中央办公厅印发《关于推进"两学一做"学习教育常态化制度化的意见》，把"两学一做"学习教育纳入党支部"三会一课"等基本制度，作为全面从严治党的基础性工程。

### 4. "不忘初心、牢记使命"主题教育

2019年5月31日，"不忘初心、牢记使命"主题教育工作会议在北京召开。中共中央总书记、国家主席、中央军委主席习近平在会上发表重要讲话，深刻阐述开展主题教育的重大意义，阐明主题教育的目标要求和重点措施，为开展好主题教育提供了根本指针。

习近平总书记强调，开展这次主题教育，是用新时代中国特色社会主义思想武装全党的迫切需要，是推进新时代党的建设的迫切需要，是保持党同人民群众血肉联系的迫切需要，是实现党的十九大确定的目标任务的迫切需要。2019年是新中国成立70周年。在这个重要时间节点开展"不忘初心、牢记使命"主题教育，其特别意义在于，无论我们走得多远，都不能忘记来时的路。

以县处级以上领导干部为重点，在全党开展"不忘初心、牢记使命"主题教育，是党的十九大作出的战略部署。2017年10月31日，党的十九大闭幕后，习近平总书记带领中共中央政治局常委瞻仰上海

中共一大会址和浙江嘉兴南湖红船，回顾建党历史，重温入党誓词。2019 年 5 月 9 日，习近平总书记主持召开中共中央政治局常委会会议，审议《中共中央关于在全党开展"不忘初心、牢记使命"主题教育的意见》。5 月 13 日，中共中央政治局召开会议，决定从 2019 年 6 月开始，在全党自上而下分两批开展"不忘初心、牢记使命"主题教育：第一批主题教育从 2019 年 6 月开始，8 月基本结束；第二批主题教育从 2019 年 9 月开始，到 11 月底基本结束。

"不忘初心、牢记使命"主题教育在中共中央政治局常委会领导下开展，成立中央"不忘初心、牢记使命"主题教育领导小组及其办公室。要求领导小组成员单位发挥职能作用，形成齐抓共管合力，各级党委（党组）扛起主体责任，主要领导同志担负起第一责任人责任，抓好主题教育的贯彻落实。

为中国人民谋幸福，为中华民族谋复兴，是中国共产党人的初心和使命，是激励一代代中国共产党人前赴后继、英勇奋斗的根本动力。开展这次主题教育，是党中央统揽伟大斗争、伟大工程、伟大事业、伟大梦想作出的重大部署，对统筹推进"五位一体"总体布局、协调推进"四个全面"战略布局，决胜全面建成小康社会、夺取新时代中国特色社会主义伟大胜利、实现中华民族伟大复兴的中国梦，具有重大而深远的意义。

### 5. 党史学习教育

"无古不成今，观古宜鉴古"。在第五次党内集中教育中，专门突出党史学习教育这一主题。2021 年 2 月，中共中央印发《关于在全党开展党史学习教育的通知》，召开党史学习教育动员大会，习近平总书记出席大会并发表重要讲话。随后，中共中央办公厅印发《关于在全社会开展党史、新中国史、改革开放史、社会主义发展史宣传教育的通知》，党史学习教育在全党、全社会全面展开，深入推进。

新时代开展党史学习教育的主要做法如下：

2021 年全党开展的党史学习教育，在借鉴吸收以往党内集中学习教育的好经验好做法基础上，根据新时代新形势新要求，提出"学史明理、学史增信、学史崇德、学史力行"的目标要求，突出学党史、悟思想、办实事、开新局，注重融入日常、抓在经常，面向全体党员，以县处级领导干部为重点开展学习教育实践。

首先，强调顶层设计，把准党史学习教育的政治方向。

此次党史学习教育突出强调政治引领，强调读原著学原文悟原理，自上而下、多措并举深入开展党史学习教育。一是跟进学习习近平总书记重要指示批示精神，把准党史学习教育政治方向。从 2021 年 3 月下旬开始，习近平总书记先后到福建、广西、青海、陕西榆林等地进行考察调研，并对"学史明理、学史增信、学史崇德、学史力行"作出新的论述、提出新的要求，中央均第一时间印发通知对贯彻学习提出具体要求，确保紧跟总书记重要讲话和重要指示批示精神，把准党史学习教育政治方向。7 月 1 日，习近平总书记在庆祝中国共产党成立 100 周年大会上发表重要讲话。11 月 11 日，党的十九届六中全会审议通过了《中共中央关于党的百年奋斗重大成就和历史经验的决议》（以下简称《决议》）。对习近平总书记"七一"重要讲话精神和党的十九届六中全会精神及《决议》的深入学习，是党史学习教育的重要内容。二是印发中央文件，对党史学习教育进行统筹安排。中央陆续印发《关于在全党开展党史学习教育的通知》《关于认真学习贯彻习近平总书记在庆祝中国共产党成立 100 周年大会上的重要讲话精神通知》《关于深入推进"我为群众办实事"实践活动的通知》等重要文件，对党史学习教育的组织领导、指定教材、内容方式、工作重点等进行统筹安排，确保党史学习教育有序深入开展。三是成立党史学习教育领导小组，加强对党史学习教育的组织领导。中央成立党史学习教育领导小组作为党史学习教育的专责机构。中宣部、中组部作为牵头单位，组织各成员单位各司其职、全力投入，推动党史学习教育工作机制顺畅运行。中央还派出党史学习教育中央指导组，赴不同地区不同部门进行分类指导，同时印发《关于各地各部门组建党史学习教育领导机构的通知》，对组建党史学习教育领导机构提出要求。四是适时召开各类座谈会，扎实推进党史学习教育稳步开展。各类领导机构成立后，通过适时组织召开中央和国家机关党史学习教育领导小组办公室负责同志座谈会、部分省区市党史学习教育领导小组办公室负责同志座谈会，及时跟进掌握各地区各部门党史学习教育开展情况，不断总结经验、发现问题，扎实推进党史学习教育各项工作开展。

其次，注重内容方法，确保党史学习教育取得扎实效果。

这次党史学习教育的另一个突出特点是党史学习内容更加丰富、学习方式方法不断创新。一是组织撰写指定教材和重点学习书籍，丰富党史学习教育材料。《论中国共产党历史》《习近平新时代中国特色社会主义思想学习问答》《中国共产党简史》《毛泽东邓小平江泽民胡锦涛关于中国共产党历史论述摘编》等党史学习教育指定教材的编辑出版，为学习教育提供了权威资料。二是通过学习贯彻习近平总书记"七一"重要讲话精神，将党史学习教育推向高潮。2021年7月1日，庆祝中国共产党成立100周年大会在天安门广场隆重举行，习近平总书记发表的重要讲话统一了思想、凝聚了力量、振奋了人心、鼓舞了士气。中央要求把学习贯彻习近平总书记"七一"重要讲话精神作为理论武装工作的重中之重、作为党史学习教育的核心内容，推动党史学习教育进一步往深里走、往心里走、往实里走。三是创新中央党史学习教育简报，多角度、多层次全面展示党史学习教育成果。此次党史学习教育简报采取开门办简报的方式，创新了简报选题体裁、内容形式，不但报道学习教育进展情况，梳理、总结、展示各地区各部门好经验好做法，还通过设立"增刊"，转载有价值的重要文献、档案材料或邀请专家对重大党史事件撰写权威述评等，为开展党史学习教育提供更加丰富的学习参考。四是传承百年党史学习教育优良传统，继续用好学习教育传统方法。本次党史学习教育继续以理论学习中心组带动各级党组织，以"三会一课"、专题培训班、读书班、研讨班等形式深入推进党史学习教育。此外，中央组织专家学者集中力量对党史进行理论阐释，撰写了一批高质量、有重要影响力的宣传阐释文章。成立党史学习教育中央宣讲团，加强对党史学习教育的权威解读和辅导，帮助党员干部树立正确的党史观。五是重视传统媒体与新媒体融合，形成党史学习教育的强大舆论优势。《人民日报》《求是》《光明日报》等官方报刊持续输出有影响力的理论文章，人民网、新华网等官网开设党史学习教育专栏，《新闻联播》等电视媒体栏目持续报道党史学习教育最新动态。在党史学习教育中还涌现出了一大批制作精良、凝聚民心、激起民族自豪感的影视作品，电视剧《觉醒年代》和电影《长津湖》等都是其中的优秀代表。在新媒体运用方面，中央党史学习教育领导小组专门成立新媒体工作团队，加强新媒体的选题策划、传播推送等工作，扩大了党史学习教育影响覆盖面。

最后，站稳人民立场，强调党史学习教育的实践成果。

2021年党史学习教育最鲜明的特征，就是将"我为群众办实事"融入党史学习教育，真正使"学史力行"落地落实。一是以中央文件统筹安排"我为群众办实事"实践活动。4月，中央党史学习教育领导小组印发《"我为群众办实事"实践活动工作方案》，对实践活动开展的组织领导、重点任务和措施步骤等作出规定。9月，印发《关于深入推进"我为群众办实事"实践活动的通知》。10月，再次印发《关于充分发挥基层党组织战斗堡垒作用和党员先锋模范作用进一步深化党史学习教育"我为群众办实事"实践活动的通知》。党中央一系列文件的印发执行，充分彰显了我们党聚焦解决人民群众急难愁盼问题的人民立场。二是多措并举，广泛收集意见建议，确保实践活动取得实效。从中央到地方，通过实地走访、集体座谈、民意调查、网络征求意见建议、信访政务服务热线等渠道，广泛征集人民群众意见建议，将收集到的意见建议按教育、医疗、住房、就业、养老、特殊群体保障等进行分类梳理，建立项目清单，实行台账管理，对项目清单实行销号管理，接受监督，有些部门和地区对问题实行问责制，杜绝形式主义、官僚主义，把"我为群众办实事"作为解决问题、畅顺民意的有力抓手，确保取得实效。

**6. 学习贯彻习近平新时代中国特色社会主义思想主题教育**

2023 年 4 月 3 日，学习贯彻习近平新时代中国特色社会主义思想主题教育工作会议在北京召开，习近平总书记出席会议并发表重要讲话。习近平总书记的重要讲话从新时代新征程党和国家事业发展全局的战略高度，深刻阐述了开展主题教育的重大意义和目标要求。

要深刻领会习近平新时代中国特色社会主义思想关于坚定理想信念、提升思想境界、加强党性锻炼等一系列要求，始终保持共产党人的政治本色。

要自觉践行习近平新时代中国特色社会主义思想，用以改造客观世界、推动事业发展，用以观察时代、把握时代、引领时代，积极识变应变求变，解决经济社会发展和党的建设中存在的各种矛盾问题，防范化解重大风险，推动中国式现代化取得新进展新突破。

要从习近平新时代中国特色社会主义思想中汲取奋发进取的智慧和力量，熟练掌握其中蕴含的领导方法、思想方法、工作方法，不断提高履职尽责的能力和水平，凝心聚力促发展，驰而不息抓落实，立足岗位作贡献，努力创造经得起历史和人民检验的实绩。①

幸福感来自奋斗中。当下人们谈论较多的一个词就是"幸福感"。那么，什么是幸福感？幸福感从哪里来？不同的人，有着不同的理解。有的认为幸福感就是生活完全由自己来支配，拥有充分的自由空间；有的认为物质条件优越，生活悠闲富足才会有幸福感。而无数先进模范高尚的人生告诉我们：闲适安逸，不见得能够产生幸福感，真正的幸福感往往存在于为人民利益而奋斗中。

高校班主任可以把从新闻媒体上看到的两位党的二十大代表的先进事迹，传达给同学们，让他们也深受感动和获得启迪，牢记"能其所强，得其所力"的重要价值。

一位是云南丽江华坪女子高级中学党支部书记、校长张桂梅，今年已60多岁的她身患多种疾病，双手和颈背部贴满了止痛膏药，但她还是每天坚持陪伴在学生身边，手拿小喇叭催促学生起床、上课、吃饭、做操。为了让大山里的女孩儿走出大山，开启人生的新天地，张桂梅含辛茹苦创办女子中学，十多年如一日，坚持住在学生宿舍，每天早上5点多就起床，为学生提前打开教学楼前的灯；白天学生上课时，她会到每个课堂都转一遍；学生吃饭时，她拿着小喇叭，督促学生抓紧时间吃饭；深夜12点多查完宿舍，她才回到自己的单人床上……除了这些，她还经常利用节假日家访，几乎每一名女高学生的家里都留下了她的足迹。由于患有严重风湿，走路多了，她的双脚连穿鞋都困难，有时疼得只能坐轮椅。建校至今，已有2000余名毕业生考入大学。许多学生大学毕业后成为教师、医生、军人、警察。张桂梅虽然付出了很多，奋斗得很艰难，但却感到很自豪，幸福感满满。

①习近平：《扎实抓好主题教育　为奋进新征程凝心聚力》，《人民日报》2023年4月4日，第1版。

另一位是陕西省佳县人民医院原儿科主任路生梅，她原本是一位北京姑娘，1968 年大学毕业后只身到佳县从医。当看到那里的群众缺医少药的现状后，路生梅许下承诺："为党工作 50 年，为佳县人民服务 50 年"。几十年来，她扎根黄土高原，热心为群众看病，经常深入农户，坐在土炕上为群众解除病痛。一直到退休后，路生梅放弃回北京安度晚年的机会，仍然选择在佳县为患者义诊。今年已 78 岁的她"退而不休"，坚持每天参加轮流坐诊，解答群众咨询，帮助医院培养人才。她把能用自己所学知识为群众提供医疗服务当作自己最大的幸福。

这就是优秀党员代表的"幸福感"。他们真正做到了像雷锋所说的那样，把有限的生命投入到无限的为人民服务当中去。有一分热，发一份光。在为人民谋幸福的奋斗过程中收获自己的"幸福感"。这是一种很高的思想境界，也是一种值得学习借鉴的人生态度。

## 第三节　提高觉悟，向党组织靠拢

党的二十大号召我们大力弘扬伟大建党精神，笔者以为，这种伟大精神的核心就是忠诚、信念、奉献、奋斗。

教育和引导班里学生积极撰写入党志愿书，对入党程序了然于胸。力争早日加入党组织，成为一名"硬核"的共产党员。可以在班里给大家讲一下如何做，才能称其为一名"硬核"的共产党员。

习近平总书记在 2020 年新年贺词中指出："我们为共和国 70 年的辉煌成就喝彩，被爱国主义的硬核力量震撼。""硬核"二字，令笔者印象深刻。70 多年来，共和国的革命者、建设者、改革者发挥了强大的硬核力量，夯实了中华民族复兴路的根基。历史昭示我们，只有做新时代的"硬核"共产党员，才能更好带领全国各族人民继续取得新的更加辉煌的成就。笔者认为，做一名"硬核"共产党员，要处理好多种关系。

处理好小我与大我的关系。实现小我，就是为个人理想、各自家庭奋勇打拼；实现大我，就是为国家强盛、社会安定、民族复兴奋战不息。岁月静好，总得有人负重前行。胸怀大我，争做大我，才能在关键时刻站得出来、冲得上去、办得成事，才是共产党员真正的责任担当。当二者无法兼顾时，要敢于付出、甘愿奉献、不怕牺牲，舍小家为大家，舍小我为大我。

处理好自律与他律的关系。一个人最难的自律，就是越困难，越要迎面直上。他律来自外在的制度约束，主要是社会管理、社会监督，而自律来自内在的精神力量，是自我管理、自我鞭策。他律必不可少，无规矩不成方圆，有序、文明、和谐的社会，依赖于人人恪守规矩、制度、法纪，自觉接受他律约束，自觉维护他律权威，自觉履行他律义务。同时，自律才最能体现共产党员的硬核实力。人们常说自律的人生才会"开挂"，铁一样的自律才会有铁一样的自由。"自身正，腰杆硬"，只有管得住自己，才能成为他人的表率，才能发挥先锋模范作用。庸人服从于天性，贪图舒服；优秀的人，却喜欢"自讨苦吃"。

处理好强己与强人的关系。强己，如爬坡过坎、滚石上山，虽艰难困苦，却越干越勇、越干越强。"比你优秀的人比你更努力。"强人，就是"己欲立而立人，己欲达而达人"。既在物质上，又在精神上，尽可能给予身边的同志、周边的百姓力所能及的帮助。独行快，众行远。新时代是精诚团结的时代，共同进步、共同奋斗，任何力量都阻挡不了中国人民实现伟大梦想的步伐。

处理好务虚与务实的关系。务虚是思，要有思想、勤思考、出思路，相信并依靠理论的力量。务实是行，脚踏实地、落地生根，解决一个个问题，完成一项项工作，积小胜为大胜。共产党员要做到"博学而不穷，笃行而不倦"。把想好了、看准了的事情扎实推进，就是力戒虚功；干的对不对、好不好，看人民群众满意不满意、高兴不高兴，就是务求实效。既要埋头拉车，还要抬头看路，干事担当"最先一里路"与"最后一里路"都要畅通无阻。

处理好一阵子与一辈子的关系。毛泽东同志说，"一个人做点好事并不难，难的是一辈子做好事，不做坏事"。眼前的工作只需要一阵子。"只争朝夕，不负韶华"，要马上干、立即办，干得成、办得好。长远的目标却需要一辈子。一辈子由无数一阵子组成，既要"咬定青山不放松"，又要"越是艰险越向前"。共产党员的奋斗，从来都是点点滴滴，也从来是长长久久。①

榜样的力量是无穷的。和班里学生一起系统地学习交流中国共产党人的精神谱系。中国共产党人的精神谱系由一个个鲜明具体的"坐标"组成。促进大学生们自觉提升无产阶级觉悟，汲取主动加入中国共产党的不竭力量。让青年大学生真正认识到"入党是一辈子的事，不是一时热血就算入了"。

可以给青年大学生讲一些触及灵魂深处的中国共产党党员的感人事迹，让他们尽可能地亲身学习和实践，很可能不能完全学习，但哪怕学习一部分，也将极大地提高自身觉悟和做事水平。比如：红军和老百姓是一家人，有盐同咸、无盐同淡的生动案例；半条被子的故事，表明共产党就是自己有一条被子，也要剪下半条给老百姓的人。邓恩铭写给父亲的一封家书的革命情怀，让我们深切地感受到了邓恩铭先生作为一名共产党人，身上所具有的淡泊名利的高贵品质，同时又坚

---

① 张经伦：《做新时代的"硬核"共产党员》，《求是》2020年第2期。

定理想信念，对党忠诚，全心全意以党和人民的利益为重。品读家书，铭记历史，感受革命先烈的信仰力量。李聚奎一辈子为信仰奋斗，在他80岁生日那天，他悄悄在记事本上写下这样一段话来自勉："纵然给我更大的权力，我也决不以权谋私；纵然给我更多的金钱，我也决不丢掉艰苦奋斗；纵然让我再活80岁，我也决不止步不前。"这段话正是他一生的真实写照。病危中的林俊德，当他被确诊为胆管癌晚期还不到一个月的时间，他放弃化疗和手术，把办公室搬进病房，开始与死神赛跑，为了争分夺秒地为国工作，他一次次拒绝儿子的探望，他要将最后一刻用在"刀刃上"，直到去世前的前两天，他才允许儿子来到自己的病房……

抗战时期，奔赴延安的青年是一道独特风景线。诗人何其芳描述道："延安的城门成天开着，成天有从各个方向走过来的青年，背着行李，燃烧着希望，走进这城门。学习，歌唱，过着紧张的快活的日子。"

延安，像一块巨大的磁石，把许多追求进步、有理想有抱负的青年吸引来了。据任弼时1943年12月在中共中央书记处工作会议上的发言，抗战后到延安的知识分子总共4万余人，就文化程度而言，初中以上占了71%，初中约为30%。这些奔赴延安的有志青年，大都家境殷实，有着良好的教育背景，有些甚至是"大家闺秀"和"豪门公子"，在当时可以预期美好的"个人前程"。还有一部分人更为特殊，是不远万里归国抗日的爱国华侨青年。

奔赴延安的路漫长而艰辛，要克服重重困难，甚至有生命危险。梁漱溟形容通往延安的路："车是军用大卡车，无篷。路是军用公路，而自西安往北，愈走愈高，缺乏桥梁涵洞，车行危险而且费事。"作为社会贤达，梁漱溟进入延安尚且如此艰辛。对于知识青年而言，每一步都是惊险，每一步都是一次人生的考验。

那么，为什么这么多人义无反顾地奔赴延安？一位青年的答案是：在南京，"只有老官吏、老官僚。屡屡总是叫我们在一个办事处里等一等，于是，明天再来。很多人就是这样走掉了"。摄影家吴印咸的答案是延安乃"理想所在"："这里的人们个个显得十分愉快，质朴，人们之间的关系又是那么融洽。我看到毛泽东主席、朱德总司令等人身穿粗布制服出现在延安街头，和战士、老乡唠家常，谈笑风生……我被深深地感动了。我觉得我已经到了另一个世界，这正是我梦寐以求的理想所在。"丁玲的答案是"这是乐园"。"我们才到这里半年，说不上伟大建设，但街衢清洁，植满槐桑；没有乞丐，也没有卖笑的女郎；不见烟馆，找不到赌场。百事乐业，耕者有田。八小时工作，有各种保险。"

毛泽东同志的答案是什么呢？1940年，毛泽东在《团结一切抗日力量，反对反共顽固派》的讲演中作出了回答。答案是延安有"十个没有"：陕甘宁边区是全国最进步的地方，这里是民主的抗日根据地。这里一没有贪官污吏，二没有土豪劣绅，三没有赌博，四没有娼妓，五没有小老婆，六没有叫花子，七没有结党营私之徒，八没有萎靡不振之气，九没有人吃磨擦饭，十没有人发国难财。

没有官僚作风，没有不良风气，没有萎靡不振；有理想，有信仰，有民族的希望，这是延安让人舍生忘死奔赴的原因，也是不同时代人们的不懈追求。今天，我们应牢记作风建设永远在路上，持之以恒反对"四风"，保持和人民群众的血肉联系，以奋发有为的精神状态，为实现中华民族伟大复兴的中国梦不懈奋斗。①

中国共产党为什么能，中国特色社会主义为什么好，归根到底是马克思主义行，中国化的马克思主义行。历史是最好的一面镜子，通

---

① 《毛泽东用哪"十个没有"形容延安》，《人民日报》2017年3月28日，第18版。

过对比在新中国成立前后，国家的发展情况、老百姓的生活情况和我国在国际上的地位所发生的翻天覆地的变化，将进一步强化大学生对"两个行"的真心认同。"船的力量在桨上，人的力量在心上"，影响了大学生的内心，他们向党组织靠拢的劲头更足了。

用马克思主义理论和马克思主义中国化时代化的理论成果武装青年，用党的初心使命感召青年大学生，做他们的知心人、热心人和引路人。坚决纠正个别大学生奉行的"爱国家不一定要爱党、爱社会主义、爱现在的政府"十分荒谬的说法。党领导的中国特色社会主义充分代表了中国人民的利益，搞资本主义就必然使我们国家变成帝国主义国家的附庸，事实上，爱国家、爱党和爱社会主义是一致的。

可以给大学生们分享、剖析一些提高其觉悟的案例，举例人类工程建设奇迹——胡麻岭隧道。在党的二十大闭幕后的"党代表通道"采访活动中，中铁十九局集团第三工程有限公司工程师李绍杰代表回忆了兰渝铁路胡麻岭隧道施工的历程。

李绍杰说："现在火车穿过兰渝铁路胡麻岭隧道最后 173 米，只需要不到 5 秒钟，但是当年打通这 173 米却用了整整 6 年。每前进不到 1 米都会遇到塌方，感觉就像在豆腐脑中打洞一样，很多国外专家来到现场说，这是不可能完成的任务。""我们依靠自己的力量攻克了这一世界性难题。"李绍杰说。6 年打通 173 米，有人称他是新时代愚公，"但我觉得我身上最闪亮的标签是中国共产党党员。"[1]

意大利国际研究与地缘政治基金会主席姜·埃·瓦洛里教授是一位社会活动家和经济学家，也是很有见地的中国事务观察家。瓦洛里近

---

[1] 刘世昕、张国、王鑫昕、胡春艳：《党代表谈"不可能完成的任务"：用整整 6 年打通 173 米隧道》，《中国青年报》2022 年 10 月 22 日。

日在接受《环球时报》记者采访时表示，中国的稳定性和确定性是世界的福祉，直接影响世界的和平与发展。

**环球时报：**您如何看中共二十大的重要意义？

**瓦洛里：**首先，在我看来，过去五年是中国共产党带领中国人民战胜危机、取得斐然成绩、彰显制度优越性的五年。中国完成全面建成小康社会的历史任务；促进高质量发展；快速、稳定地推进改革。中国把保障和提高人民生活质量放在首位，动员社会各界力量开展脱贫攻坚战，为生态文明建设投入大量精力。而且，还编辑出版了我期待已久的《中国共产党简史》。

其次，各国观察家从来没有低估中国共产党这个百年大党的巨大能力。我关注的是，中国货物贸易总额居世界第一。截至今年7月初，中国已经与近150个国家和30多个国际组织签署了共建"一带一路"合作文件。中国2013年发起的共建"一带一路"倡议卓有成效，意味着中国对东南亚、中亚、中东和欧洲等地区的经济和外交产生的影响进一步加大。

再谈党的二十大，这是在中国进入全面建设社会主义现代化国家新征程的关键时刻召开的一次十分重要的大会，将科学谋划未来五年乃至更长时期中国共产党和中国国家事业发展的目标任务和大政方针，继往开来、承前启后，不仅关乎中国的未来，也将影响全球发展。

**环球时报：**中国式现代化，是中国共产党领导的社会主义现代化。在您看来，中国的发展道路对其他发展中国家有何启示和借鉴意义？

**瓦洛里：**中国道路成功的本身对发展中国家就是一种激励，为他们展现了光明前景。我个人认为，中国道路值得发展中国家借鉴的地方有如下几点：把发展和改善人民生活列为政府优先事项之首；制定适合本国国情的中长期发展战略；努力保持增长、解决贫困问题；完善本国政治制度和经济体制；坚持对外开放、与世界接轨但同时保持独立自主。

实际上，全球化是由西方资本主义国家领导的，为它们及其跨国公司利益服务的。眼下，包括意大利在内，唯美国马首是瞻、政治领导人无能的西方发达国家正在以反全球化力量的形式出现，因为它们发现，全球化越来越远离它们的控制，所以试图用输出民主的"炸弹政治"取而代之。而中国对发展中国家政策的总体原则和目标首先建立在政治平等和经济合作的基础之上。它建立在尊重对方利益的基础之上，让各方都能从合作中受益。

**环球时报**：您刚才提到中国制度的优越性，能具体谈谈吗？

**瓦洛里**：中国实行的是中国共产党领导的多党合作和政治协商制度，是全过程人民民主，它与西方的周期性选举不同。它不仅有一套完整的机构和程序，而且切实保障公民的全面参与。形成了全面、广泛、协调的制度体系，确保人民当家作主，不同渠道开放、畅通、有序。这使得全民依法参与选举、协商、决策、管理和监督，以多种方式和形式管理国家政治事务、经济事务、文化事务和社会事务。

中国改革开放40多年，总体方针是一直持续、连贯、不断完善的。这应该是中国成功的关键。它与西方国家政府更迭及随之而来的政策急转弯完全不同。以意大利为例，战后70多年出现了60多届内阁，政府频繁更迭对国家稳定发展的影响可想而知。像中国这样制定长远规划，这在西方恐怕是不可想象的。

**环球时报**：未来五年，世界各国都面临着一系列不确定性和挑战。中国的发展对世界意味着什么？

**瓦洛里**：请允许我"咬文嚼字"一下。中国是事实上的大国，但中华人民共和国成立73年以来，一直称自己是一个发展中国家，也一直寻求成为那些追求真正独立、不愿承受外来威胁的国家的主心骨。事实上，许多国家已经和正在发生"国破家亡"的悲剧，而这些悲剧是由哪个半球上的国家导演的，大家心知肚明。

中国尊重他国的主权和领土完整，不干涉他国内政，尊重各国自主选择的发展道路和社会制度。中国从来没有与其他国家进行过系统性的竞争或意识形态对抗，从未用武力方式来证明其政治制度是已知和未知世界中最好的。中国不输出意识形态，从不像个别国家那样谋求改变其他国家的内部制度。我说这些是想强调，中国的稳定性和确定性是世界的福祉，直接影响世界的和平与发展。只有中国保持稳定和确定性，人类才能够更好地应对百年未有之大变局。政治上如此，经济上也是如此。

**环球时报**：在中国共产党的领导下，中国正朝着第二个百年奋斗目标迈进。您怎么看中国未来的发展？

**瓦洛里**：我对中国的未来充满乐观。相信在中国共产党领导下，中国人民一定会如期实现第二个百年奋斗目标，把中国建成富强民主文明和谐美丽的社会主义现代化强国。中国强大了，将带来和平、多元、共命运的和谐世界。①

通过列举这些令人振奋的发展奇迹，一定能使青年大学生心里热乎乎的，使之精神振奋，感到骄傲和自豪。

①于全翠：《像中国这样制定长远规划，在西方不可想象》，《环球时报》2022 年 10 月 20 日，第 7 版。

## 第四节 坚定信念，永远跟党走

信念的力量是无穷的，教育青年大学生牢固树立共产主义必胜的坚定信念，这对大学生来说，无论在大学阶段还是整个人生都起着基础性决定性作用。共产主义的理想和信念，是中国共产党人的灵魂、奋斗目标和前进动力，把为共产主义事业奋斗终身当作自己的神圣职责，是每个共产党员应具备的最起码条件。客观上说，个别党员对个人的物质利益看得太重，对于已经入党和即将入党的青年大学生来说，必须彻底批判和坚决反对这种不符合党员标准的"重物质、爱享受、轻信念"的做法。一个人，如果只为金钱收入和物质享受而生，胸无大志，只顾眼前利益，忘记共产党员的根本宗旨，那就丧失了作为一名共产党员的资格。爱因斯坦曾说过，"每个人都有一定的理想，这种理想决定着他努力和判断的方向。就在这个意义上，我从来不把安逸和快乐看作是生活本身——这种伦理基础，我叫它猪栏的理想。"生活在资本主义社会的爱因斯坦都有着如此高尚的精神境界，难道决心为共产主义奋斗终身的共产党员却要拜倒在物质享受之下吗？

坚定共产主义必胜的信念，还必须随时随地从历史和现实的斗争中汲取营养。从革命先烈和老一辈无产阶级革命家身上，学习他们为了共产主义信仰，抛头颅、洒热血，视死如归的英雄气概，学习我们身边那些为中国特色社会主义事业开拓进取，吃苦在先，享受在后，严以律己，大公无私的先进人物。以他们崇高的思想境界，闪耀共产主义思想光彩的革命精神，照耀自己，充实自己，鞭策自己，以增加和坚定为共产主义事业奋斗到底的坚强意志。

法国作家罗曼·罗兰曾说过："最可怕的敌人，就是没有坚强的信念。"这位非无产阶级的伟人都能够如此深刻地理解理想和信念对一个人的巨大作用，我们共产党人，就更应该高举共产主义理想的旗帜，坚定共产主义事业必胜的信念，为实现人类最美好的理想——共产主义贡献自己的一切。[①]

习近平总书记在党的二十大报告中指出："我们党立志于中华民族千秋伟业，致力于人类和平与发展崇高事业，责任无比重大，使命无上光荣。全党同志务必不忘初心、牢记使命，务必谦虚谨慎、艰苦奋斗，务必敢于斗争、善于斗争，坚定历史自信，增强历史主动，谱写新时代中国特色社会主义更加绚丽的华章。"[②]

在为全面建设社会主义现代化国家、全面推进中华民族伟大复兴而团结奋斗的新征程上，"三个务必"的提出，既是党的七届二中全会提出的"两个务必"的历史延伸，更是以奋发有为精神把新时代中国特色社会主义不断推向前进的现实需要。

党的二十大报告提出"三个务必"，是对七届二中全会提出的"两个务必"的严肃呼应，也是对新的历史条件下中国共产党赢得长期执政大考所做出的郑重提醒。"三个务必"是对"两个务必"的拓展和深化——在"务必谦虚谨慎、艰苦奋斗"的基础上，增加"务必不忘初心、牢记使命""务必敢于斗争、善于斗争"，既是出于中国共产党为人民谋幸福、为民族谋复兴、为世界谋大同的初心和使命，这是我们奋斗不息的力量源泉，是我们坚信自己事业正义性的坚强依托，也是因为当代世界正处于大发展大变革大调整时期，充满着各种不确定

---

①段炳仁、郑怀义：《戒慎集》，中国人民公安大学出版社，1991，第23页。

②习近平：《高举中国特色社会主义伟大旗帜 为全面建设社会主义现代化国家而团结奋斗——在中国共产党第二十次全国代表大会上的报告》，人民出版社，2022，第1—2页。

性，发展机遇隐含在层出不穷的挑战中，在这样的背景和环境下，战略定力与斗争精神至关重要。

务必不忘初心、牢记使命，就是要不断叩问初心、守护初心，不断坚守使命、担当使命，始终做到初心如磐、使命在肩。要以党的创新理论滋养初心、引领使命，从党的非凡历史中找寻初心、激励使命，在严肃党内政治生活中锤炼初心、体悟使命，把初心和使命变成锐意进取、开拓创新的精气神和埋头苦干、真抓实干的原动力。

务必谦虚谨慎、艰苦奋斗，就是要坚持以严的基调强化正风肃纪，锲而不舍落实中央八项规定精神，持续深化纠治"四风"，坚决打赢反腐败斗争攻坚战持久战。只要存在腐败问题产生的土壤和条件，反腐败斗争就一刻不能停，必须永远吹冲锋号，坚持不敢腐、不能腐、不想腐一体推进，以零容忍态度反腐惩恶，决不姑息。

务必敢于斗争、善于斗争，就是要发扬斗争精神，勇于担当作为。我们党诞生于国家内忧外患之时，一路走来就是在斗争中求得生存、获得发展、赢得胜利。新征程上，我们必须安不忘危、存不忘亡、乐不忘忧，时刻保持警醒，不断振奋精神，勇于进行具有许多新的历史特点的伟大斗争，在有效应对重大挑战、抵御重大风险、克服重大阻力、解决重大矛盾中冲锋在前、建功立业。

全面建设社会主义现代化国家，全面推进中华民族伟大复兴，必须时刻保持解决大党独有难题的清醒和坚定。"三个务必"正是这种清醒和坚定的真实写照。我们坚持用"三个务必"激发撸起袖子加油干的精气神，一定能够创造党和国家伟大事业新的更大辉煌。

# 第九章　教育和引导大学生勤于思考

学会和具备思考能力，提高说话办事的逻辑能力，是大学生在大学生涯一项十分重要的技能，也是成熟起来的重要标志。

## 第一节　深入思考，规划人生

班主任基于自身大学阶段的直接和间接经历和带班经验，告诫大学生人生需要设计，带班之初让同学们就写下大学四年的大致规划。聚焦人生，找出主要矛盾。毛泽东同志在《矛盾论》一文中指出："研究任何过程，如果是存在着两个以上矛盾的复杂过程的话，就要用全力找出它的主要矛盾。捉住了这个主要矛盾，一切问题就迎刃而解了。"[1] 班主任要启发和要求大学生们把擘画的"人生蓝图"一竿子插到底，落实在行动中，不做"只说不干"的懒惰者。凡有成就者，都是能够"抢抓机遇、提高能力"的行动派，大学生要拼命往上成长，否则，大学毕业时，很可能就是勉强毕业的落后大学生，成长的只有年龄和长相。

作家柳青在《创业史》里讲道："人生的道路虽然漫长，但紧要

---

[1]毛泽东:《毛泽东选集(第一卷)》,人民出版社,1991,第326页。

处往往只有几步，特别是在人年轻的时候。"① 若不慎走错了，人生的轨迹就会发生重大的变化，因为一件小事，毁了终生的人屡见不鲜。从小聪明到大智慧，需要不断地思考和规划人生。在校大学生毕竟还是年轻，社会经验不足，看问题容易简单化片面化，思想中常常带着一些天真和幼稚。当然，若出现"在人生的路上，有一条路，每个人非走不可，那就是年轻时候的弯路"的情况，实属正常，能够及时改正，在同一件事或同一类事上不再犯错误，就属于坏事变好事。

陈独秀说过："我们人类究竟为的什么，应该怎样，如果不能回答这两个问题，模模糊糊过了一世，也未免太觉乏味。"思考的深度，决定人生的高度。理性思考，来源于科学的世界观和方法论，是认识和把握规律的一把钥匙。只有善于进行理性思考，才能对理论的理解更准确，对实践的认识更深刻，才能把理论和实践有机结合起来。俗话说，"吃一堑，长一智。"若有理性思考，则会在一定程度上提前谋划，避免犯错。

俗话说："害怕攀登高山的人，只能永远在洼地里徘徊。"大学生规划自己人生时，应做到实事求是，既要"大处着眼"，又要"小处着手"，前者强调的是战略，后者强调的是战术。要从小事做起，从现在做起，不怨天尤人，要懂得取舍，有所不为，不要被眼前利益所诱惑。要大胆地试，不要怕失败。大学生们还年轻，失败了也无所谓。

"男儿志兮天下事，但有进不有止。"李世民在《帝范·崇文第十二》中写道，"法乎其上，得乎其中，法乎其中，仅得其下"。要成才，首先要有志向。古语说：竹有节，人有志。人就像一棵竹子，志气是其节。无节之竹弱于稻草，无志之人如行尸走肉。当我们有志气的时候，世界会随着我们转。当我们没志气的时候，我们被生活抽打

①柳青：《创业史》，中国青年出版社，2009，第182页。

着转。毛泽东同志说过一句十分激昂的话，"下定决心，不怕牺牲，排除万难，去争取更大胜利。"学习先进技术，为解决国家"卡脖子"技术作出自身或大或小的贡献，这样的理想在心中要不断发酵、点燃，成为登上各类领奖台的重要精神动力。科学家邵新宇曾说："职业理想是一个管长远的因素，一个人要成长成才受到多重因素的作用，但职业理想是个关键要素。首先要有志向，立志做大事。很多时候，使大学生持续前进，特别是在大学生遇到困难时，仍能不气馁，保持克服困难的动力就来自于理想。"有位作家说过，当一个人真正想做成一件事时，全世界都会来帮你。这句话虽然有些违心，但有很大的科学性，体现了一个人发挥主观能动性的重要性。

联合国教科文组织提出了未来教育的四大支柱：学会认知、学会做事、学会共同生活、学会生存。

何谓学会认知？何谓学会做事？何谓学会共同生活？何谓学会生存？

这四点都离不开读书学习和人生格局，其中读书学习是第一步，扩大人生格局是第二步。读书学习是用别人的智慧解决自己的困惑短板，延伸自己的思想视角。因为脚步不能丈量的地方，文字可以丈量，目光不能抵达的地方，书籍可以抵达。今天多学一点知识，明天就少一分无知。

做人有几多大气，就会有几多成功，因为胸怀格局，才是成功者的标志之一。格局决定生活的宽度、提升人生的高度。一个每天在街头乞讨的乞丐，不会嫉妒开劳斯莱斯的人，却会嫉妒比自己要到更多钱的乞丐。人们常说："做人，首先要拿得起放得下。"拿得起是一种勇气和毅力，而放得下是一种胸怀，更是一种格局。世间万物的容量皆有限，拿起一些，必然要放下一些，如果"小"的东西装多了，"大"的格局就很难进来。余秋雨说："人的生命格局一大，就不会在生活琐碎中沉沦，真正自信的人，总能够简单得铿锵有力。"胸怀大，格局才大；格局大，才能做大事、做成大事。

古人云："授人以鱼不如授人以渔。"在校大学生，除了极个别年龄小的，他们基本上都已跨入成年人的门槛，都有着较高的智商和情商，对他们开展教育的本质，不在于给他们传授多少知识，而是让他们具备逻辑思维。班主任一定要明白："千教万教教人方法，千学万学学会做人"，教会大学生思考和处理问题的方法比单纯传授学生知识更重要。引导大学生慢慢具备发现问题、抓住本质、解决问题的能力，这个能力会一直伴随着他们，在今后的学习和工作生活中，都会有很大的帮助。"渔"，意味着正确的工作方法。一个处于人生最为关键的大学生涯的学生，不论成绩优秀或者一般，关键在于是否努力过了，是否具备使自己拾级而上的能力。自己在大学生涯有哪些"小目标""小期待"？记得知名新闻媒体人任东升写过这样一首打油诗，体现了要有对未来规划的重要性："人生不怕重新来，人生就怕没未来；命由天定运靠己，精彩人生我安排。"给学生们"看得见、摸得着"的目标，有时简单的愿望也可以成为人生进取的动力，若没有目标激发的奋斗动力，年轻大学生的未来则可能有点糟糕。

浙江大学著名的校长竺可桢90多年前在开学典礼上有两问，即"到浙大来做什么？将来毕业后做什么样的人？"今天看来，这两问对大学生仍有重大的启发价值。在大学里，要做到：不比原来比后来，不比起点比终点，只要肯下功夫，善打持久战，一切皆有可能。只要行动，就有希望，就有各种可能性。虽然"靡不有初，鲜克有终"。当然要知道自己想要什么，瞄准目标，立即行动，你就算成功了一半。人最大的对手，往往不是别人，而是自己的懒惰。勤奋、执行，是人生成功的前提和基础。现在确实存在这样的一些人，每时每刻都梦想着自己会成功，可又经常吃不了一丁点的苦。冯骥才说："梦想是你最宝贵的私有财富，谁都无法拿去，除非你自己放弃。"

举例要用同学们身边感兴趣的人物和事儿，使年轻的他们认识到：凡是成功的人，都是要吃数倍于常人的苦。不白苦苦熬一回，不白流一次委屈的窝囊的痛苦的泪水。好运不是天生的，背运也不是一天两天形成的，所谓的一鸣惊人，都有十足的努力和付出来支撑。不幸的人或许各有不同，好运的人，却有千篇一律的上进心和执行力。宁可去碰壁，也别整天在家里面壁。

树立正确的就业观、创业观。

在就业创业中，须有抓住机会的意识和能力。所谓机会，往往总在一个很短的瞬间。机会一般只青睐有准备的少数人，当所有人认为机会来临时，它其实已经悄悄溜走了。正如英国著名的作家弗朗西斯·培根曾经所说："机会先把前额的头发给你捉，而你不捉之后，就要把秃头给你捉了。"大学生的任务是努力提高自己，等待机会的光临，努力和机遇是成功不可缺失的两个基本条件。

任何一个时代都有与之相应的时代精神，现在是"大众创业、万众创新"的新时代，新时代呼唤创业精神，大学生群体可以把创业作为自己心驰神往的人生过程。不抓实，再好的蓝图也只能是一纸空文，再近的目标只能是镜花水月。

现在的就业市场真是让人直呼"太卷"，一方面，求职者如过江之鲫；另一方面，企业的招聘标准变得越来越高。选择就业的区域，适合自己的就是最好的。不能光盯着一线、二线城市，或者太计较眼前的物质利益。应该用发展的眼光作出选择，虽然我国的三线、四线城市相对而言，目前在经济、政治、医疗、教育、交通、娱乐等方面暂时还比不上一线、二线城市，但这些都在快速地改变，"全国一盘棋"的思路和高新技术革命会加速这种发展，以前有句"三十年河东，三十年河西"的说法，新时代的中国，发展速度之迅猛，不要说三十年了，就是五年就会变化得让人吃惊不已。

有一种就业观："宁为牛尾，不为鸡头。"其实，倘若抛弃了个人主义，不是为出风头、立山头，为"鸡头"有什么不好？有的人在小地方、小单位还算得上"出类拔萃"，干得不错，可一到大地方、大单位就"泥牛入大海无消息"，从此再泯然众人矣。这很可能就是由于位于"牛尾"，而慢慢甘居下游、自暴自弃的缘故。我们有的大学生只注重是"牛"还是"鸡"的身份，图虚名而不务实，这不算很高明。

大学生在选择就业区域时，应该清楚认识到：大有大的难处。有志向、有本领的大学生，不论在什么地方都会有所作为。相比之下，在小地方也可能更有上升空间。人少，意味着锻炼机会多，条件差些容易激发主观努力。"山不在高""水不在深"，而主要在于有没有"仙"和"龙"。

就业情况常常不像大学生设计的那样理想。比较起来，大单位、大企业、大机关远不如中小单位、小企业、小机关机会多。人都想往大处走，当然就"卷"得厉害，机会也就会少得多。当前已经存在着大地方、大单位人才积压，而小地方、小单位却人才缺乏的现象。有远见、想干一番事业的大学生，应该多把眼光落在"小"处，小有小的好处。

人生是美好的，大学生活是绚丽多彩的。不经历风雨难以见彩虹。人生有十之八九是不顺的，生活难免会遇到挫折，行动难免会遇到障碍。但有积极向上的人生态度，会相信命运掌握在自己手中，不同的人生哲学会有不同的人生体验。

一个人的兴趣爱好，只有在工作中寻到一个可以发挥的交会点，才可能使其全面发展并最终升华为自身的优势。[①] 专业化发展是我国

---

① 毕可弟：《咀嚼人生》，白山出版社，2003，第38页。

未来各行各业发展的必由之路，做到"潜心磨一艺、笃行专一业"的极致，职业生涯一定不会错。2022 年修订后的《中华人民共和国职业分类大典》与 2015 年版的分类相比较，净增了 155 个新职业，总数达到 1636 个。新行业新职业的增长推动了对人才需求的不断增加，伴随着全面建设社会主义现代化国家进程的深入推进，我们比历史上任何时期都更加渴求人才。选择你所喜欢的职业，都是到祖国需要的地方去，这样既相对轻松，又能够有毅力、有决心长期做下去，而不是遇到一点挫折就打退堂鼓。

杜绝沉溺于网络。随着信息化建设的发展，网络已成为人们交流思想、传播知识的一条最快捷的渠道，也是新时代大学生密切联系他人的一种重要方式。网络在成为方便快捷渠道的同时，上面也有很多不好的东西。大学生沉迷玩网络游戏、沉溺看电视剧、沉迷刷短视频、沉迷阅读网络小说等现象，这些都要放在互联网深入发展、嵌入大众生活肌体的大背景下去看待。要深入浅出地教给青年大学生一些道理：有趣的不一定有用，有用的不一定有趣，沉溺于无意义的、毫无价值的地方，是在慢慢地消磨人生，无异于自杀。一味沉溺于网络，则将出现主客体之间的颠倒，也就是说在校大学生不是在玩网络游戏，而是被网络游戏"玩耍"了。

兴趣爱好，是人之常情，是人们对某种事物的特别用心。也可以说是"癖好"。人之癖好有很多种，有的使人高雅，有的让人萎靡。人生的兴趣爱好，也可以称之欲望，就像一个万花筒，它常常以不同的方式给人们带来忧和喜、悲和乐。

一个大学生，优秀与否，不是偶然的。越优秀的大学生越自律，越优秀的大学生越勤奋，越优秀的大学生越惜时。优秀大学生会不停奋斗脚步，常与各行各业大咖为伍，登上人生舞台。追求者的路从来不会一帆风顺，特别是对于大的目标，更是不容易实现，否则人人都会成就这个"大"目标。

## 第二节　深入思考，严防被骗

"青年人相信许多假东西，老年人怀疑许多真东西。"这是一句德国谚语。梁启超先生在《少年中国说》中精辟地说，少年人如朝阳，如乳虎，如铁路，如白兰地酒，如春前之草，如长江之初发源。这些优点是极可宝贵的。不过，由于经验不足，思虑不周，上当受骗者，也大有人在。因此，自觉地培养独立思考能力，防止被骗，实是一件大事。[①] 数字是枯燥无味的，但唯有数字可以直白地告诉你事情的本质和真相。高校班主任可以把以下案例讲给同学们，防止青年大学生在金钱、感情等方面被骗，更要防止被动地卷入违法犯罪。天上不会掉馅饼，更不可能有免费的午餐。

帮助信息网络犯罪活动罪（以下简称"帮信罪"），是电信网络诈骗犯罪的重要"帮凶"。近日，辽宁省检察院披露的一组办案数据显示，在辽宁省各类刑事犯罪起诉人数中，"帮信罪"在危险驾驶罪、盗窃罪之后，排在第三位。2022 年 1 月至 7 月，辽宁省检察机关起诉帮信罪 1070 件 1861 人，涉案人员低龄化且大学生较多。

用别人的卡、骗别人的钱、洗别人的钱是电信网络诈骗犯罪的明显特征。大学生等青少年群体涉世未深，很容易被犯罪分子盯上，被"兼职""低成本，高收入""赚快钱""帮忙""零风险"等话术欺

---

① 刘忠全：《独立思考应成青年品质》，《人民日报》2017 年 8 月 15 日，第 19 版。

骗、利诱，被引入"帮信罪"的坑。如大学生王某将自己实名登记办理的 3 张银行卡，通过网友以每张 500 元卖出，最后归案时发现，其名下一张银行卡流水高达 100 余万元。

据介绍，在辽宁省检察机关起诉"帮信罪"嫌疑人的年龄分布上，25 岁以下的犯罪嫌疑人共 619 人，占全部起诉人数的 33.3%。辽宁省检察院第四检察部副主任郑明玮表示，部分大学生参与"帮信罪"，对电信诈骗犯罪活动是助纣为虐，加大了侦破案件、锁定犯罪嫌疑人以及为受害者挽回经济损失的难度，也让自己承担法律风险，付出法律代价。

为遏制帮信犯罪滋生蔓延，辽宁省检察机关围绕网络犯罪链条，加强立案监督，深挖案件线索，由下游帮信犯罪追溯至上游电信网络诈骗、网络赌博等犯罪，实现全链条打击。重点打击帮信犯罪的组织者、领导者、骨干分子、涉案公司主要负责人和行业"内鬼"，对行业内部人员依法宣告职业禁止；对于组织招募学生买卖账户的"卡商"，依法从严惩治，建议从重判处实刑。对那些没有犯罪前科，系初犯的学生，检察机关注重宽严相济、区别对待，对受人诱使办理并出售银行卡，获取少量钱款、未造成严重后果且自愿认罪认罚的学生，依法作出相对不起诉决定，并组织公开听证，加强对涉案学生及家长的教育。

在对大学生犯"帮信罪"依法严厉打击，加强惩戒、教育的同时，更应严加预防。辽宁省各级检察机关开展"反诈进校园"活动，引导大学生擦亮眼睛，树立法治思维，守住自我教育、自我管理的第一道关口。辽宁省葫芦岛市兴城市检察院针对辖区内高校较为集中的特点，开展了青春背景墙"千人签名""断卡"行动短视频大赛等系列活动，引导广大高校师生绷紧遵规守法的弦，不为蝇头小利所诱惑，不被犯罪话术所欺骗误导，不被电信网络犯罪分子所利用。

郑明玮认为：依法严防、遏制大学生参与帮助信息网络犯罪活动，应成为"断卡"行动的重要一环。司法机关以及教育部门、学校、家庭、大学生应共担责任，形成合力，健全机制，从源头强化对"帮信罪"的预防，为大学生筑牢隔离阻断"帮信罪"以及其他电信网络犯罪的防火墙。[1]

大学生等青年群体，是接触电信网络设备技术、产品的主体人群，一些大学生遭遇电信网络诈骗的案件牵动人心。中国青年报·中青校媒面向全国 106 所高校大学生发起问卷调查，共回收有效问卷 2746 份。调查显示有 10.09%受访者曾掉进诈骗陷阱，31.25%受访者曾遭遇过诈骗但没有上当，50.98%受访者身边有人有被骗经历，仅 25.97%受访者没有经历过，也没有听说过身边人遭遇诈骗。受访大学生对防范电信网络诈骗重视程度较高，95.59%受访者期待反诈教育进校园。

随着反诈防骗宣传越来越广泛，不少大学生也在关注、学习反诈知识。中青校媒调查显示，95.23%受访者曾学习过反诈骗知识，其中通过媒体的传播、报道学习的受访者最多（84.09%），其次是学校开设的课程、讲座等（81.61%）。此外，公安等相关部门的组织宣传（68.24%）、亲友告知（47.31%）等，也都是受访者的学习渠道。[2] 笔者调研发现，在欲望面前，大学生可能会慢慢进入骗子所设陷阱，这需要警惕。

①黄岩：《辽宁：从源头阻断大学生被引诱触犯"帮信罪"》，《辽宁日报》2022 年 8 月 5 日，第 10 版。

②毕若旭、罗希、程思：《超九成受访大学生期待反诈教育进校园》，《中国青年报》2021 年 10 月 25 日，第 8 版。

## 第三节　深入思考，融入社会

人是社会的人，社会是人的社会。青年大学生必须正确认识和处理自身与社会的关系。但青年大学生由于多方面原因，特别是上大学前一直围绕着高考这个指挥棒在转，家长对孩子的社会交往能力关注不多，引导不够，导致一部分大学生社会交往的能力和技巧远远不够，自觉不自觉地陷入"社交恐惧症"。在读书期间，有可能短暂地踏入社会或者浅层次地与社会人打交道，需要注意的地方有很多。但要注意其中一条：不聊八卦，更不说别人坏话。俗话说："谁人背后不说人，谁人背后无人说。"应该坚信：你说别人的好话，别人很可能知道，你说别人的坏话，同样，别人也很可能知道。作为一个成年人，应该有着基本的底线，也是赢得朋友的法宝，那就是听到的话不传，传来的话不听，团结为重。

合作使你更快乐。行动使你更精彩。青年大学生在社会上尝试性创业或者打工或者校外实习，离不开集体"合作"与"协作"。这就好比交响音乐，每一个人都要奋斗成为一名"行家里手"，吹、拉、弹、唱，各精一门，但同时又要同心协力，才能奏出优美动听、气势磅礴的英雄曲。若把个人的作用强调到不适当的地步，那就很容易断送自己。因此，新时代的青年大学生，要积极树牢集体主义观念，善于协作、合作共事。

有的在校大学生性格内向、孤僻、清高，好独来独往，且不认为这样有什么不好。但是在新时代的今天，需要的是开放型的人才。还有些在校大学生因自己有点小本事，就骄傲得不得了，每每觉得"万般皆下品，惟有我最高"，脾气大得很，什么也看不上眼。这样做也会碰壁，很可能因为他人绕着你走，自己陷入孤立境地。还有个别大学生，嫉贤妒能，看见别人比自己有出息心里不好受，总怕别人超过自己，处处藏着掖着，失去了互相交流的机会，也失去了取得很大进步的可能。

注意说话方式，不显摆自己。柏拉图说："智者说话，是因为他们有话要说；愚者说话，则是因为他们想说。"不说则已，一鸣惊人，通常是聪明人的特征。在社会中，与他人交流时，看准了想好了再说也不迟。

注重感恩。法国著名思想家卢梭说："没有感恩就没有真正的美德。"法国作家雨果认为："卑鄙小人总是忘恩负义的，忘恩负义原本就是卑鄙的一部分。"感恩是每个社会成员赖以立身和成事的必备条件。任何人如若不懂得并且不注重感恩，定然难以交到真朋友，难以获助致远，古今概莫能外。

搞好与社会各类人群的关系。以"中庸"之道与他人交往，常以商量的口吻讲话，将会受益无穷。中庸并不是平庸和圆滑，亦不是和稀泥，它是儒家所讲的那个最合适的"度"。《中庸》有曰："喜怒哀乐之未发，谓之中；发而皆中节，谓之和。中也者，天下之大本也；和也者，天下之达道也。"就是说，中庸的理想状态，是一切处于和谐之中，这种和谐亦包括社会的和谐，人与人之间的和谐。

"近朱者赤，近墨者黑。""鸟随鸾凤飞腾远，人伴贤良品自高。"大学生既要有融入社会的积极心态，特别是在社会实习和创业阶段，也要注意选择自己的朋友圈。大四要进行社会实践，如果只知道书本知识，不懂得或者不善于与人交流沟通，不能为企业提供有效劳动，就不能把自己所学知识转化为生产力。和什么样的人相处或者合作，会决定你成为什么样的人。圈子决定人生，朋友改变命运。交朋友，要选择那些品德高尚、胸怀抱负、腹有才华的人，要选择志相同、道相合、富有爱心之人。与高者为伍，与德者同行，必得善果。要戒交违法乱纪之徒，力避言而无信之人，尽量减少与性格孤僻、搬弄是非、尽是怨言、心态不良的人为伍；不要为损友、恶友、欺友所累、所困。正如数学大师陈省身所说，他的成功，就在于"在正确的时间，选择了正确的方向，去了正确的地方，找到了正确的老师。"大学生融入社会时，由于经验不足，要高度警惕，既怕走错路，更怕交错友。

大学生可以勇闯社会，但不可以荒废了学业。因为社会很残酷，讲究你是否拥有"资源"。所谓资源，即可利用的价值。为何有价值？因为别人需要。经济学有一基本原理：价值与需求成正比。当你能够满足别人需求时，你就有了价值。越是能更多地满足需求，你就越是有价值。知我者谓我心忧，不知我者谓我何求。养成"等一等"的习惯。我们经常容易在情绪化的时候做出一些让自己日后后悔的决定。因此，不妨养成"等一等"的习惯，在自己喜悦的时候、忧伤的时候、愤怒的时候，先冷静下来再做决定。正如那句话所说："别在喜悦时许下承诺，别在忧伤时做出回答，别在愤怒时做出决定。"[①]

真正的智者，不会觉得自己无所不能，而是随着时间的流逝，见过太多的风风雨雨，会越来越恐惧和谨慎，明白自己的局限和无能。大学生在大学阶段除了在学校这个场域外，还有社会活动的轨迹，若想在社会上比较顺畅地与他人交流沟通，需要做到三点：一是多观察，实践出真知；二是多学习，现在是网络时代，更能实现"秀才不出门，也知天下闻"的效果；三是要有一个好心态，做到不会就学，不懂就问，认真总结，迅速地由生疏实现熟悉。

---

① 朱永新：《人生没有最高峰》，商务印书馆，2018，第 69 页。

## 第四节 深入思考，增强抗压能力

人的一生，就是伴随着困难、挑战与挫折前行的，没有一个人不经历这一切，人生的道路因为曲折坎坷才会更美丽。有些人倒下了，那是弱者，有些人继续前行，那是强者。困难、挫折、挑战，对强者是一种历练，对弱者是一种击垮，很多人在困难、挑战面前，败下阵来，成为失败者，很多人把困难、挑战乃至挫折变成自己的历练。要让青年大学生体悟到大学生涯是其人生成长的韶华阶段。在大学阶段，像鞭子时时抽打着可能懒惰的身心，像扳手时时撬开生锈的脑闸，像磨刀石时时打磨毛糙的思维，像聚宝盆时时吸收众人的优点。大学生成长的速度，往往与大学生挑战任务的难度有关。唯其艰难，方显勇毅；唯其磨砺，始得玉成。唯有矢志不渝，笃行不怠，方能不负时代、不负人民。用实际行动做到"说一件、干一件，干一件、成一件"。

古今中外的人物成长故事已经反复证明：在人生的旅途中，失败并没有那么可怕，失败是成功之母。恰恰相反，一个人一直顺利才是值得警醒的。因为一个人未尝经历过几次失败，一直顺风顺水地前行，那么这个人就会被蒙蔽双眼，很容易滋生骄傲自满的情绪。一旦未来出现危机，根本来不及反应，很容易被打个措手不及，这样也很容易跌落低谷。

人很多时候，都是逼出来的。不逼自己的时候，就不知道自己有多么优秀。逼自己走在正确但难走的征途上，逼自己接受平凡但依然努力拼搏，逼自己做不喜欢但又不得不做的事。晚清名臣曾国藩说过："天下事无所为而成者极少，有所贪、有所利而成者居其半，有所激、有所逼而成者居其半"。逼自己最大的特征，你可以输，但不可以选择放弃，不要在幻想中浪费时间和生命，不要在最该吃苦的时候选择安逸。作为青年大学生，在面对压力时不要抱怨，抱怨是无用的，不如改变自己，去适应充满压力的社会。

某位企业家曾经说过，"干了30多年，回头一望，全是漫长的挫折和煎熬，和大家一样，我也煎熬，我也曾经动摇甚至放弃过，我想给大家说，我们不要逃避，你经历的所有的挫折和失败，甚至那些看似毫无意义消磨时间的事情，都将成为你最重要的最宝贵的财富。人生很长，永远相信美好的事情即将发生。"真正的优秀不是被他人逼出来的，而是自己和自己不断"较劲"，想方设法把自己变得更好。人要没有压力不行，通过挤压自己，又有了新收获，这种挤压是对自我的严格要求。困难和挫折，对强者来说，无疑是启迪，是一种前进的动力。另一方面，压力是要有，但不应把身上的压力变成一种包袱。人生没有无边的芳草地，每个人在成长过程中，都会经历阶段性的迷茫、痛苦、艰难。但只要一心坚持，不颓废，不放弃，总会踏平坎坷成大道！真正的勇敢，是在考验关头咬紧牙关；真正的勇者，是为了使命，明知不可为而为之。大家都被苏炳添在奥运会上9秒83的成绩所折服，然而却鲜少人知道，苏炳添也曾有过失败的消沉时光。

2017年全运会决赛前夕，苏炳添意外拉伤了右腿，与金牌失之交臂。年龄本身就对体能有影响，再加上伤病，让苏炳添怀疑自己能否继续在田径赛场上坚持下去。

但他不愿意就这样结束自己的职业生涯，于是他不再困于年龄和伤病的限制条件里。他从旁观者的角度审视自身，客观分析自己身体素质和短跑技术上的问题。反复观看自己和主要竞争对手的跑步视频，分析自己与对手的短板和优势。每次看完之后，他都反复研究学习对方的技巧，克服自己的弊端，然后进行日复一日地训练。

最终，他成功调整好自己，重回巅峰，在东京奥运会跑出 9 秒 83 的成绩，打破了亚洲纪录。

要自信，而不能自卑，自信不是轻率高傲的狂言，而是在执着与坚韧支持下的力量与智慧。何谓自信？有的词典解释是：相信自己的愿望或预料一定能够实现的心理。"哀莫大于心死"。自信能够铸就 70 岁的"青年"，自卑可能导致 18 岁青年的老翁心态。弱者把问题当难题，踌躇不前、唉声叹气；强者将问题当课题，勇往直前、扬眉吐气。最好的老师是自己，最大的敌人亦是自己。世界上所有的问题，往往都需要自己解决。遇事不能先入为主式地说不行，因为一说不行，思维就会受阻，就不想思考，当然也就再无办法。遇事先不说不行，就会绞尽脑汁地思考，能够围着问题去想办法解决，即使自己暂时没有好的办法，也可以虚心求助别人，最终解决问题。

"刀在石上磨，生在苦中学"。英国有句著名的谚语："生活就是由一吨苦、一磅盐以及一茶匙蜜糖组成的。"这句话告诉我们，对人生的困难要有足够的认识，为了那一茶匙的甜蜜，要有"吃一吨苦、尝一磅盐"的心理准备。康熙说："圣人以劳为福，以逸为祸。"平庸，其实就是一种逃逸，一种懒惰，一种自我放弃。甘于平庸，其实就是被压力所击倒，就是自我放弃的表现。

高校班主任要教会大学生"将自己幸福感的门槛降得低些"。罗曼·罗兰说过，"世界上只有一种英雄主义，就是看清生活的真相后依然热爱生活。"无论怎样，既然你来到了大学，就一定要学会愉快承受每一天的学业，愉快地生活，这对未来人生的成长和成功太重要了。正如《红灯记》中李玉和那句台词一样，"临行喝妈一碗酒，浑身是胆雄赳赳"，成大器者，必定承受多种磨炼。没有走不出的困境，没有爬不出的低谷。以豁达的心态面对每一天，终会苦尽甘来。承受能力强，心态就好，就能不管风吹雨打，胜似闲庭信步。抗击打和抗衰弱的能力就强，就能从容不迫，宁静致远。无论时代如何变化，信仰、信念、信心，任何时候都不过时。小到一个人、一个集体，大到一个政党、一个民族、一个国家，只要有信仰、信念、信心，就会愈挫愈奋、愈战愈勇，否则就会不战自败、不打自垮。

## 第五节　培养定力，远离浮躁

成功没有捷径，俗话说："不怕慢，就怕停。"在今天快节奏的大背景下，大多数人都期望快速出成绩，我们要深刻认识到，最容易忽视的是持续在一个领域或事情上，持久的专注力造就的成果。培根曾说："过于求速是做事上最大的危险之一。"颜宁说："人要学会取舍，如果面面俱到的话，就是在撒胡椒面，你可能什么都做不好。很简单地说，我其实没有时间去购物，去化妆，这就在我说这是'小'。我要做的是，抓大放小，但是，在细节上又要做好。"要告诉青年大学生，一切的成功，都靠背后的坚持，选择比努力重要，而坚持比选择更难。但是，在我们的内心深处，总有一种力量让我们茫然不安，让我们无法宁静，这种力量叫浮躁。浮躁让我们变得心浮气躁、急功近利，总想投机取巧。不少人办事都想一挥就成，一蹴而就，他们似乎忘了一点，做什么事情都有一定的规律，都得按一定的步骤行事，欲速则不达。这就需要青年大学生学会深度思考，杜绝浅表化思考，其实就是杜绝伪思考，杜绝糊弄式学习方式，草草了事对学习无益，对自身成长也不利。

孟子说："有为者譬若掘井，掘井九轫而不及泉，犹为弃井也。"法国著名作家罗曼·罗兰说过："与其花许多时间和精力去凿许多浅井，不如花同样的时间和精力去凿一口深井。"多挖一锹就出水。百门通不如一门精，成功来源于多挖一锹的坚持之中，失败则是在少挖一锹的放弃之后。下功夫做事好比打井，与其同时挖多口浅井不见井水，不如先勘探好位置，用心用力将一口井掘到深处，这样才能有取之不尽用之不竭的泉水。孟子和罗曼·罗兰所说的意思是一致的，即把一件事做到极致，胜过平庸地做一万件事。因为只有持之以恒挖深井，才能取得最后的成功，如得甘泉。大学生们作为青年人，活力有余、韧性不足，他们需要懂得：不管做什么一定要坚持，就像烧开水一样，无论烧到 60℃还是 80℃，火关了，水永远不会开，水凉了，再重烧，前面的火就等于白烧了。

古埃及有句谚语："世上只有两种动物能够到达金字塔的顶端，一种是雄鹰，另一种是蜗牛。"英国作家格拉德威尔提出的"一万小时定律"，被很多人认同和推崇。他说："人们眼中的天才之所以卓越非凡，并非天资超人一等，而是付出了持续的努力。一万小时的锤炼是任何人从平凡变成世界级大师的必要条件。"每个时代，聪明如雄鹰的人并不多，但更缺少与事物死磕到底的蜗牛似的"笨人"。正如法国微生物学家巴斯德所说："我取得成功的唯一奥秘就是我的坚持精神。"我们每个人的时间和精力有限，想要在这短暂的一生里获得成功，最好的答案是找准长处，进行深耕。希腊寓言有狐狸和刺猬的故事，给我们以启示：狐狸知道很多事情，但刺猬知道一件大的事情，刺猬在一件事上是卓越的，而狐狸在很多事情上是普普通通的。

一代人有一代人的历史使命，一茬人有一茬人的责任担当。某一个阶段，找准自己最擅长的领域，认定自己的主要目标，心无旁骛地去打深井，源源不断地流出甘甜可口的生活之源。有一句古老的撒哈拉谚语："没有信念，人只是沙漠中的一粒沙子。"没有目标，人只是大海上的一片叶子。在飞速发展的多变的未来社会里，只有心中具有坚定的信念和目标的人，才不会感到迷茫和无所作为。人生最重要的不是站在什么地方，而是朝哪个方向前行。方向对了，哪怕绕了弯路，目标也会越来越近。人生最可悲的事情，莫过于"手里捧着地图，心中却没有目的地。"古罗马哲学家塞涅卡说："如果一个人不知道他要驶向哪个码头，那么任何风都不是顺风。"

心无旁骛者，万事可破。真正厉害的人，不是什么都懂，而是心无旁骛，认准一个目标，然后像钉钉子一样，一点点钻下去，做深做透。与其惶惶不安，不如即刻行动。不想被甩在后面，就只有先跑起来，再找机会去寻找自己的路。想准备好了再出发，可你永远没有完全准备好的那一天。想凡事都如你所愿，可事情的发展，往往由不得你。最终，时间白白浪费，机会擦肩而过，我们都被困在了原地。

孔子曰："无欲速，无见小利。欲速则不达，见小利则大事不成。"唯有默默耕耘，积蓄力量，才能迎来踏实的上升。水有源，树有根。每个大学生在学校的成长历程也有其成长的脉络。春光不负读书人，在设定正确目标方向之后，只要不懈奋斗，洒下拼搏的汗水，预料的结果必然水到渠成般地自然而来。选定了目标，并能立即行动起来，就等于成功了一半。成功学导师拿破仑·希尔曾指出："明确的目标是所有成就的起点。"有了目标，就是有了用力的方向，每一步的前进，都是向着成功接近。

高校班主任可以列举名牌大学生群体的生动案例，激发本班大学生朝着自己目标而努力的必要性。1979年，心理学家针对哈佛大学的毕业生做了一项调查，结果显示：3%的人有清晰而长远的目标，10%的人有清晰但比较短期的目标，60%的人目标模糊，27%的人没有目标。25年后，再次对这群学生进行跟踪调查发现：3%的人，25年间他们朝着一个方向不懈努力，几乎都成为社会各界的领军人物；10%的人，他们的短期目标不断地实现，成为各个领域中的专业人士，大都生活在社会的上层；60%的人，他们安稳地生活与工作，但都没有什么特别成绩；剩下27%的人，他们的生活没有目标，过得很不如意，并且常常在抱怨他人，抱怨社会。[1] 少年人常思将来，惟思将来者，故生希望心。青年大学生，无论处在顺境还是逆境，切不可失去远大志向，胸中少了对理想的追求，就像泄了气的皮球，靠别人多么用力"拍"也是"拍"不起来的。

作为班主任，可以把马誉炜将军撰写的《偶像对人的成长有多重要》，推荐给青年大学生们。

那还是在三十四年前，我作为老山前线部队的政治机关干部，负责采写一位战斗英雄的模范事迹。这位战斗英雄在为大部队开辟通路时不幸触雷，双腿被炸伤，只能从大腿根部截肢，成了仅有九十厘米的"半截人"。从负伤到住院，他没有流过一滴眼泪，表现得十分坚强，因此被誉为"钢铁战士"。我问他这种力量从哪里来，他告诉我自打当兵时加入具有光荣传统的英雄部队，而后被分配到"杨子荣英雄侦察连"，黄继光、董存瑞和老排长杨子荣等英雄人物便成了自己的偶像，英雄的传人不能当孬种，关键时刻必须要挺住。这个回答深深地打动了我，使我真切感受到偶像对人的成长至关重要。

历史上，大凡有所作为的人都有促使自己成长的偶像。司马迁在遭受奇耻大辱的宫刑后仍能振作精神发愤著书，用十年艰辛换来一部《史记》，这是因为他想到先贤身处逆境却意志坚定，历尽磨难而成就大业，以此激励自己不断进取。东汉末年，班超奉命出使西域，以英勇无畏的气概和坚韧不拔的意志打击匈奴势力，帮助西域各族人民摆脱奴役，恢复西域与内地的联系，重建经济、文化交流的要道，靠的

---

[1] 刘士欣：《知行八谈：感悟做人做事做官》，中共中央党校出版社，2018，第5页。

就是"大丈夫无他志略，犹当效傅介子、张骞（均为出使西域的先贤）立功异域"。鸦片战争前担任两广总督的邓廷桢之所以主动查禁鸦片走私、收缴鸦片、整顿海防，为禁烟斗争和反侵略战争做出重大贡献，是因为他佩服林则徐的主张，自觉做到见贤思齐。相反，纵观历史上的许多反面人物，他们在关键时刻做出逆历史潮流的举动，或因错误选择偶像而偏离正确的人生轨道，或根本就没有什么偶像和正确、高尚的追求。直至今日，有识之士多以成功人士、英雄模范为榜样，系牢人生的第一粒扣子，踏踏实实干事创业；沉迷追星、向往奢靡、浑噩度日，只能给人带来厄运，演绎"理想迷失人生苦"的悲剧。

正是由于确立偶像的重要性，自古以来，国人特别推崇那些向善、向美的偶像，尤其重视对青少年进行相关的教育和引导。以《三字经》为例，这里面就有许多偶像，譬如为教育孩子三迁择邻、折断机杼的孟母，九岁就知道关心父母冷暖的黄香，"囊萤映雪"的主人公车胤和孙康，教子有方的窦燕山，四岁便知"让梨"的孔融，二十七岁才发愤学习的苏老泉，身背柴草还在读书的朱买臣，"头悬梁"的孙敬，"锥刺股"的苏秦等，这些先贤的事迹可谓家喻户晓。说到底，学习《三字经》就是为了让青少年从小埋下优良品德与崇高精神的思想种子，筑起传承文明精粹的民族魂魄。伴随时间的推移、时代的变迁，我们的国家又涌现出许多可供今人借鉴和效仿的榜样，谁能主动地见贤思齐，谁就能汲取丰富的道德营养，从而创造精彩的人生。

"只有伟大而纯洁的人物的榜样，才能引导我们具有高尚的思想和行为"，的确，偶像如同一面镜子，可以照见自己的差距，只要别人有优长，就应该虚心学习。确立偶像，既不是一蹴而就的，也不是一劳永逸的，需从长计议，持续培养。换而言之，确立偶像，首先要有谦逊的态度。只有具备自知之明，经常不满足自己的学识和品行，才能及时发现别人的长处，找到自己的不足，萌发向别人学习的强烈愿望。

其次要勇于改过。"人非圣贤，孰能无过"，有缺点和错误不可怕，抓紧改正就好。再就是要学以致用。有了好的偶像，应该分析人家好在什么地方，自己怎样努力才能赶上。一听到模范事迹就热泪盈眶、热血沸腾，待到实际工作中仍旧按部就班、我行我素，"学起来激动，做起来不动"，这样的学习态度是万万不可的。①

哪一个青年没有对人生设计过？谁甘愿度过平庸的一生？人和植物、动物的区别，重要的一点恰恰在于人会设计自己的愿望，有实现这一愿望的冲动。理想使人高出宇宙万物，理想使人具有百折不挠的精神力量。因而当人实现这一愿望的冲动受挫，理想便使人痛苦。

人的一生也许将几次经历得到、失去、再得到、再失去，有时你的人生轨迹竟被完全彻底地改变，迫使你一切从头开始。谁准备的方面多一些，谁应变的能力强一些，谁就越能把握住一份儿属于自己的生活。②

每个大学生都想成功，并且一般也都知道努力奋斗，只是一些人很难坚持到底，拼搏到底。正如一场马拉松长跑，开始一段还可以，有信心，有能力，能快速跑一阵。跑到中间就产生"疲劳感"，心慌气短，头脑昏胀，四肢无力。许多人就在这道难关过不去，申请退场了，而一旦克服了这个"疲惫感"，冲破这一关，那么，跑起来反而轻松、自然。在机会和成功之间，就横着这样一个"疲惫感"，能战而胜之，越过险阻，坚持到底，就会摘取到成功的奖牌。

一个大学生只有为了目标而心生定力，控制住浮躁的心境，才能吃得起成功路上的苦，才会有足够的毅力稳步前进坚持到终点，赢得

---

① 马誉炜：《"偶像"的重要》，《北京晚报》2021年9月27日，第22版。
② 梁晓声：《人生真相》，贵州人民出版社，2022，第56页。

成功。只有驾驭住了自己的浮躁情绪，才不会因为各种各样的诱惑而迷失方向。

## 第六节　加强纪律和规则意识

言有所规，行有所止。《孟子·离娄上》有：离娄之明，公输子之巧，不以规矩，不能成方圆。纪律必须被遵守，否则它将形同虚设。大学生有了纪律和规则意识，知道什么该做，什么不该做，就会行稳致远，即便偶尔出点差错，也不会出现太大的过失，少走大的弯路。若无纪律和规则意识，大学生就不知道什么是底线，其行为很容易出问题，甚至违法犯罪。

笔者在《思维与智慧》中读到这样一则故事。英国著名解剖学家麦克劳德从小是一个爱"打破砂锅问到底"的孩子。他经常想，人体内部是什么样子？内部器官又是怎样的呢？在百思不得其解的情况下，有一天晚上，他偷偷地把校长家的爱犬给杀了。校长很快就找到了"凶手"。这时候的麦克劳德心里很害怕，他做好了被校长开除的准备。但事情的发展很出乎他的意料，麦克劳德万万没有想到，校长对他的惩罚竟然是让他清楚、细致地画出狗的内脏解剖图和骨骼构造图。麦克劳德兴奋极了，他连声对校长说："没有一点问题，我一定按您的要求完成，一定完成。"他认真地把两张图连夜画好……后来，麦克劳德成了一名伟大的解剖学家，并因此荣获了诺贝尔奖。学校是允许学生犯错误的地方，学生若不犯错误怎么能够成长呢？

俗话说，"学校无他事，事事关教育"。作为一名班主任，教育犯错误的学生，是我们的天职。对学生我们既不能放任自流，又要严而有爱。"严"要抱着育人目的、可接受性的原则，但更要有"爱"的思想基础，要让校园成为学生温暖的精神家园，要让学生觉得被关爱、觉得开心、每天都在进步成长。

我们要允许学生不够完美。在校园里待久了，面对成百上千的孩子，我们为了不出事，特别渴望他们安分守己。班主任可以力争没有问题，但是这对人的伤害会很严重。如果不允许有缺点，过于追求完美，付出的代价会很大，那就不是教育了。但是，可以"防患于未然"。提前给学生们有技巧地打预防针。存在着这样一类大学生，一方面他们被"看似有理、实为谬论"的复杂的观点所迷糊，感到迷茫，需要班主任等老师指点。另一方面又"厌烦思想政治的说教"，即便是有的班主任讲得很有感染力，这部分学生的评价却是"有道无理"，"面对复杂的社会和人生，那些道理就显得非常苍白"。更令人担忧和惊讶的是有的学生在一些错误人生观的诱惑下，在不久的时间内变得玩世不恭，对一切都表示"看透了"，认为"什么纪律、规则都是骗人的，骗老实人的。"孔子说："愚而好自用，贱而好自专。"其实这句话反过来也讲得通，"好自用而愚，好自专而贱。"这些人在思想上很危险，需要班主任重点关注和慢慢引导。

坚守底线，不被各种诱惑迷惑眼睛。大学阶段面对各种诱惑，成绩、荣誉、义气，不一而足，稍不留神，就可能有违反校纪校规乃至法律的可能。因此，青年大学生要加强纪律性、规则意识和慎独理念，这样符合名副其实的大学生身份并在内心养成善念。班主任可以列举元代著名学者许衡的例子。有一次，他外出游历，途中天气酷热，口干舌燥。正好路边有一棵无人看管的梨树，结满了诱人的梨子。路过的行人纷纷摘梨解渴，而许衡只是站在那里静静地观看。一个路人招呼他说："这么热的天，你难道不渴吗？看这梨多解渴，你也吃一颗吧。"但许衡不为所动，路人不明白为何，便问他缘由。许衡说："这是别人的东西，未经过主人允许，哪能随便摘取。"路人纷纷笑他迂腐："这梨树长在路边，可能没有主人，渴了就吃吧。"许衡说道："梨虽无主，我心有主。"许衡坚守内心道德底线，为青年大学生树立了强化规则意识的好榜样。

增强"班级意识"。何谓班级意识，就是作为班级成员的高度责任感和表率感。班干部、入党积极分子、学习优异者、奖助学金获得者在树立班级意识方面更应该走在前面，这样的群体范围几乎包括了全班的百分之八十以上，这样的集体，即使有个别的调皮捣蛋的落后大学生，也会被正能量的大学生给予引导，完全"中和掉"坏的气氛。爱校爱班，不能光嘴上喊，必须全方面体现，落实到行动上，切不要"嘴上唱高调，行动另一套。"一个班级的成员之间各忙各的，离心离德，受损害的还是班级每个学生的学业和综合发展，受侵蚀的是班级的整体人心。这除了需要班主任的积极引导外，领头雁班委一干人的奉献意识和率先垂范作用也很重要，班级行不行，班委很重要；班委行不行，就看前两名（即班长和团支书）。

大学生成才的理念是"全面发展，人文见长"，"全面发展"是指学校为学生的发展提供各种可能性，让不同个性、爱好和特长的学生都有自我展示、自我发展的机会；"人文见长"是指，学校应该是一个富有同情心、让人受到关怀和照顾的地方。学生能够在这座校园里幸福成长，能够自由呼吸、舒展心灵，发自内心地热爱这座校园。

泥沙俱下、并不完美的生活，正是组成宝贵生命的原材料。正如苹果公司的标识，缺了一角，反而出色不凡。台湾省女作家陈文茜读《乔布斯传》时，每读到残缺带给人生痛苦与美好交错的记忆时，即于书页上折一个小角。"这一页已无须躺平，它本来不是为了描述一个平顺无聊的故事，它被特别地折叠，像我对一位陌生人折叠着我的爱与敬意。"

2016 年 1 月 29 日，中共中央政治局会议最早提出了"四个意识"，即政治意识、大局意识、核心意识、看齐意识，这"四个意识"具有很高的纪律和规则意识。在这里，笔者主要谈一谈"看齐意识"。

古语云："齐则有序，齐则有效，齐则有力。"我们党加强自身建设的规律和经验表明，只有增强看齐意识，经常喊一下看齐，才能时刻警醒广大党员干部的思想，统一前行的步调，及时纠正思想和工作中存在的偏差，使全党始终保持整齐昂扬的奋进状态，也使整个社会富有凝聚力和向心力。讲看齐意识，就是要求广大党员干部向党旗看齐，坚决听从党中央指挥，在思想上政治上行动上与以习近平同志为核心的党中央保持高度一致。这种看齐意识应建立在对党绝对忠诚的基础之上，将看齐意识内化于心、外化于行，做到在任何情况下都能把服从党的利益放在第一位，不改其心、不移其志、不毁其节。这种看齐意识还应表现在积极宣传、认真贯彻落实党的路线方针政策上，自觉同违反党的大政方针、损害党的形象与利益的言论和行为作斗争，在任何情况下都能做到方向不偏、目标不变、干劲不松、主动看齐和经常看齐不能少。时时刻刻做政治上的"明白人"，自重自省自警自励，保持党性不褪色，聚精会神永看齐，不折不扣落实行动。

在大学，学生是最宝贵的资源，学校的管理和规划，应格外关注大学生的人文精神，关注大学生的学习质量和生活状态，让教育回归生活，回归到培养学生们都能展示一种优秀的或者良好的精神状态。衡量一所大学是否充满了尊重、包容、信任、鼓励，就看它的老师们特别是班主任们是否完全和学生们打成一片。唯有学生生命成长花开果熟，唯有孩子们内心深处的诗情画意，才是班主任成功的真实写照。在班主任的教育理想里，接受学生的不完美这一事实，让校园成为学生最喜爱的地方，将是这个世界最美好的收成。

# 第十章　塑造大学生健全高尚人格

君子怀德而心系天下，君子有礼而谦恭辞让。若要塑造大学生的完善人格，离不开中华优秀传统文化给我们教育工作者提供许多有益的参考，需要广大高校班主任认真学习领会习近平总书记提出的"四有"好老师期许，让学生终身牢记"健全高尚人格是不落的星辰"。

## 第一节　加大中华优秀传统文化浸润的力度

中华优秀传统文化源远流长、博大精深，是中华文明的智慧结晶。中华优秀传统文化蕴含着丰富的道德理念和规范，如天下兴亡、匹夫有责的担当意识，精忠报国、振兴中华的爱国情怀，崇德向善、见贤思齐的社会风尚，孝悌忠信、礼义廉耻的荣辱观念，体现着评判是非曲直的价值标准，潜移默化地影响着中国人的行为方式。传承发展中华优秀传统文化，就要大力弘扬自强不息、敬业乐群、扶危济困、见义勇为、孝老爱亲等中华传统美德。早在2017年1月，中共中央办公厅、国务院办公厅印发《关于实施中华优秀传统文化传承发展工程的意见》，为新时代汲取中华优秀传统文化的营养提供了正确方向。高校班主任应进一步深挖中华优秀传统文化资源，使这个丰富的思想宝库对培养大学生健全的人格道德，发挥出积极有效的作用。继承中华优秀传统文化和弘扬新时代精神相结合，在教育青年大学生树立正确的"三观"上下功夫。

当前，我们党和国家对中华优秀传统文化资源的重视、挖掘及其应用力度前所未有，习近平总书记在庆祝中国共产党成立100周年上的讲话中明确提到："坚持把马克思主义基本原理同中国具体实际相结合、同中华优秀传统文化相结合，用马克思主义观察时代、把握时代、引领时代，继续发展当代中国马克思主义、21世纪马克思主义。"① 他在中国共产党第二十次全国代表大会上的报告中明确强调，"中国共产党人深刻认识到，只有把马克思主义基本原理同中国具体实际相结合、同中华优秀传统文化相结合，坚持运用辩证唯物主义和历史唯物主义，才能正确回答时代和实践提出的重大问题，才能始终保持马克思主义的蓬勃生机和旺盛活力。"② 习近平总书记在文化传承发展座谈会上强调，"中华优秀传统文化有很多重要因素，共同塑造出中华文明的突出特性。"③ 可见，除了革命文化和科学文化外，用中华优秀传统文化来浸润大学生的成长发展是必要的。

中共中央党校（国家行政学院）教授、文史教研部原主任周熙明以"打开文化视野 培育文化思维——文化九问"为题作宣讲："费孝通先生曾语重心长地指出，'不要离开人去讲文化，文化说到底是人化和化人。'"④ 那么，什么是人化和化人？人化，是人类认识、利用、改造环境的过程和结果，是人类在认识、利用、改造环境的过程

---

① 习近平：《在庆祝中国共产党成立100周年上的讲话》，《求是》2021年第14期。

② 习近平：《高举中国特色社会主义伟大旗帜 为全面建设社会主义现代化国家而团结奋斗——在中国共产党第二十次全国代表大会上的报告》，人民出版社，2022，第17页。

③ 习近平：《在文化传承发展座谈会上的讲话》，《求是》2023年第17期。

④ 周熙明：《打开文化视野 培育文化思维——文化九问》，宣讲家网，2022年10月24日。

中构建自身本质的过程和结果；化人，就好比给"裸机"装上"软件"，使自然人变为社会人，让外在的规律、规则、规矩、规范内化到个体的精神结构中。因此，文化建设的重要任务和功能就是育人。也就是说，文化建设首要的关注点是人，而非物。加大中华优秀传统文化浸润的力度，益处之多，无法逐一列举。班主任所要关注的中华优秀传统文化也有很多方面，对青年大学生产生的影响极为深远，笔者管中窥豹，仅对以下几点加以阐述。

**1. 有利于坚定青年大学生的远大理想**

自强不息，锐意进取，是中国优秀传统文化中居于主流地位的文化精神。"天行健，君子以自强不息"，这句话经典性地概括了中华民族刚劲强健、奋发有为的民族精神。这种刚健笃实、励精图治的精神，体现着强我中华的进取精神，推动着民族自强和创新。生命的真谛在哪里？不在于成功的那一刻，而在于为成功而奋斗的历程当中。遥望星空，要心中有梦想，有追求。前行的路，不会平坦。高校班主任要以中国传统文化中自强不息的观念去引导大学生正确面对生活中种种挑战，培养他们刻苦奋斗的拼搏精神和勇于挑战的竞争意识，始终为自己的理想而奋斗，为将来成为社会栋梁奠定良好的基础。事实表明：任何目标的实现都不是轻而易举的，要做生命的强者。正如汪国真在《热爱生命》中富有哲理又充满励志的一句话："我不去想是否能够成功，既然选择了远方，便只顾风雨兼程。"

**2. 有利于提升青年大学生的道德素质**

"国无德不兴，人无德不立。"大学生要成才，必须先学会做人。习近平同志在浙江工作时就提出："人而无德，行之不远。没有良好的道德品质和思想修养，即使有丰富的知识、高深的学问，也难成大器。"①"才者，德之资也；德者，才之帅也"，注重德才兼备。有德有才，最是理想；有德无才，学中成长；无德有才，是危险品；无德无才，是废品。自古以来，一个人的德与才都受到很大的关注，而且德一定要放在首位。据《论语》记载，鲁哀公曾经问孔子："我怎样做才能让人民服从呢?"孔子答道："把正直的人提拔上来，使他们位居不正直的人之上，则百姓就服从了；如果把不正直的人提拔上来，使他们位居正直的人之上，百姓就会不服从。"

周恩来同志是党内外都很敬仰的一位革命家。他在 45 岁生日时撰写的《我的修养要则》，内容有极大的参考性，高校班主任可以把其推荐给青年大学生，使他们吸取精华，提升自我。该要则内容共分为七条："一、加紧学习，抓住中心，宁精勿杂，宁专勿多。二、努力工作，要有计划，有重点，有条理。三、习作合一，要注意时间、空间和条件，使之配合适当，要注意检讨和整理，要有发现和创造。四、要与自己的他人的一切不正确的思想意识作原则上坚决的斗争。五、适当地发扬自己的长处，具体地纠正自己的短处。六、永远不与群众脱离，向群众学习，并帮助他们。过集体生活，注意调研，遵守纪律。七、健全自己身体，保持合理的规律生活，这是自我修养的物质基础。"②

### 3. 有利于增强在校大学生的爱国意识

爱国主义是中华民族精神的核心，是中华民族团结奋斗、自强不息的精神纽带。列宁说过："爱国主义就是千百年来固定下来的对自己的祖国的一种最深厚的感情。"③习近平总书记在全国教育大会上强

---

① 习近平:《干在实处　走在前列——推进浙江新发展的思考与实践》,中共中央党校出版社,2014,第 304 页。
② 汤涛:《学习周恩来〈我的修养要则〉》,《党建》2021 年第 3 期。
③ 列宁:《列宁选集(第三卷)》,人民出版社,1972,第 608 页。

调，"要在厚植爱国主义情怀上下功夫，让爱国主义精神在学生心中牢牢扎根，教育引导学生热爱和拥护中国共产党，立志听党话、跟党走，立志扎根人民、奉献国家。"①班主任要坚持用习近平新时代中国特色社会主义思想铸魂育人，从中华优秀传统文化中寻找爱国主义教育的源头活水，引导学生树立和坚持正确的国家观、历史观、民族观、文化观、宗教观，自觉坚定爱国之心、砥砺报国之志，听党话、跟党走，自觉把个人成长与党和国家事业发展统一起来。要遵循青少年成长规律，紧密结合时代特征丰富教育内容、拓展教育途径，让学生在课程思政教学和丰富多彩的校园活动中接受爱国主义教育。弄明白"为什么要爱国、怎样才是爱国、如何去爱国"。

大道之行，始于足下。一个人对国家的热爱，从来不是抽象空洞的，而是具体深刻、生动鲜活的。"先天下之忧而忧，后天下之乐而乐""天下兴亡，匹夫有责"，中华优秀传统文化素来强调勇于担当、敢于担责，包含爱国主义的家国情怀。实现中华民族伟大复兴的中国梦是新时代爱国主义教育的鲜明主题。中国科学院大学校长在 2023 年毕业典礼上提到了微电子所研究员黄令仪老师。黄老师曾说："我这辈子最大的心愿就是匍匐在地，擦干祖国身上的耻辱。"党的十八大以来，习近平总书记多次寄语广大青少年，勉励他们担当社会责任、担负时代使命，要求他们"怀着一颗感恩的心，珍惜时光，努力学习，将来做对国家、对人民、对社会有用的人"。新时代大学生不仅要在内心深入理解爱党爱国爱社会主义的一致性，更应该以实际行动来体现对国家、党和社会主义的热爱。

有关调查显示，中国超九成年轻人"平视"或"俯视"西方。

---

①习近平：《坚持中国特色社会主义教育发展道路　培养德智体美劳全面发展的社会主义建设者和接班人》，《人民日报》2018 年 9 月 11 日，第 1 版。

今年 9 月 23 日到 30 日，环球舆情调查中心对中国 100 多个城市年龄在 14 岁到 35 岁之间的年轻人展开问卷调查。此次调查通过样本库会员在线填答问卷的方式收集数据，共收回 1655 份有效问卷。

调查结果显示，中国年轻人越来越自信。对于"今天，提到西方国家，您的第一感觉是什么？"这一问题，选择"对等、平视、没什么感觉"等"平视"态度的受访者（39.3%），以及选择"没什么了不起、鄙视、讨厌"等"俯视"态度的受访者（54.6%），加起来超过 93%。2021 年，选择这两种态度的中国年轻人总共占比 90%。

与此同时，选择"美慕、崇拜、尊重、自叹不如"等"仰视"西方态度的受访者，呈大幅下跌态势。今年，选择"仰视"西方态度的中国年轻人占 3.9%，比 2021 年（8.1%）下降一半多。值得注意的是，环球舆情调查中心去年对"5 年前提到西方国家，您心里是什么感觉"进行调查，当时选择"仰视"态度的年轻人占比 37.2%。

中国的发展进步是年轻人自信的重要原因。在认同中国现在可以"平视"西方国家的受访者中，20.8%的人认为这是中国不断发展、实力提升的自然结果；20.7%的人认为，中国在国际舞台上发挥显著作用，可以也应该更自信；13.5%的人表示，中国与西方在不同领域各具优势，可以互相借鉴，而 9.4%的人认为，西方国家存在的各种问题，使我们看待它们时更加客观。

有专家对《环球时报》表示，中国这一代年轻人的成长阶段正是国家迅速发展的时期，中国国力的上升以及海外影响力的增强全世界有目共睹，因此这些年轻人信心的增强是很正常的。与此同时，在中国迅速强大的过程中，社会始终很稳定，民众普遍安居乐业，而西方国家近年来却因为政治分裂、种族主义、政党斗争等动荡不断。中西方的鲜明对比让中国年轻人更有底气。此外，当今世界已经进入数字化时代，这使得中国年轻人能通过网络等渠道获取更加丰富多元的信息，让他们对不同国家作出更加客观的判断。[①]

### 4. 有利于践行社会主义核心价值观

党的十八大报告强调："倡导富强、民主、文明、和谐，倡导自由、平等、公正、法治，倡导爱国、敬业、诚信、友善，积极培育和践行社会主义核心价值观。"这一论述明确了社会主义核心价值观的基本理念和具体内容。2014年，习近平总书记在与北京大学师生的座谈会中，勉励广大师生坚守社会主义核心价值观，在时代大潮中建功立业、成就人生。2016年，在全国高校思想政治工作会议上，习近平总书记明确提出："要坚持不懈培育和弘扬社会主义核心价值观，引导广大师生做社会主义核心价值观的坚定信仰者、积极传播者、模范践行者。"[②]

要用社会主义核心价值观引导学生勇担责任，鼓励学生做有理想、敢担当、能吃苦、肯奋斗的时代新人。社会主义核心价值观涉及的方面有很多，大学生践行好社会主义核心价值观，就能够心平气和地修身养性，处理好个人与国家、社会的和谐关系。在这里，要强调"友善"二字，因为一些大学生吃"不友好"的亏太多了，有时还浑然不知。大学生可以深刻检省自己，是不是在听到不同意见就内心烦躁甚至有时与对方争执一会儿呢？如果有，说明已沾染了刚愎自用的毛病。可以通过两种方法来治好"刚愎自用"之症。一是"虚怀若谷"，胸怀要像山谷一样宽广，为人处事低调谦虚；二是"从善如流"，乐于听取与自己想法不同的意见，接受善意的批评。

---

①《中国超九成年轻人"平视"或"俯视"西方》，《环球时报》2022年10月21日，第7版。
②习近平：《习近平谈治国理政（第二卷）》，外文出版社，2017，第377页。

"德者，本也。"德无论对于个人还是对于社会，都有基础性意义，是整个国家、民族、社会向上向善的力量。如果说，"才"是人才的躯干，那么"德"则是人才的头脑和灵魂。青年大学生应该"见善则迁，有过则改"，踏踏实实在修好个人品德的基础上，去践行社会公德、家庭美德和职业道德。

**5.有利于铸牢中华民族共同体意识**

我国有 56 个民族，铸牢中华民族共同体意识是国家统一之基、民族团结之本、精神力量之魂。铸牢中华民族共同体意识是新时代党的民族工作的"纲"，所有工作要向此聚焦。作为高校班主任，需要推动所带班级的学生对铸牢中华民族共同体意识这项工作真正认识到位，扎实付诸行动。这些年，作为一名高校班主任，根据笔者对铸牢中华民族共同体意识和做好民族团结工作的感受，与大家谈谈一些心得体会。

（1）带着对各民族师生的深厚感情去搞活动，才能更自觉；带着增进民族团结强烈的使命感搞活动，才能更投入；带着以教师带动学生的示范目标搞活动，才能出成效。

（2）这活动，那活动，触动人心最重要。在真情交融中走得更近，在文化认同中升华认知。要在活动中动之以情，投入真情实感，把铸牢中华民族共同体意识水到渠成地潜入对方心灵，自觉付诸行动。

（3）这抓好，那抓好，班委团支书要抓好。充分发挥班委作用，让班干部唱主角，在铸牢中华民族共同体意识过程中，牢牢抓住这个关键主体不放，就会事半功倍，达到效果。

（4）教育抓不好，不配当老师；有事不靠前，不算尽责任。如果把学生们坚定民族团结铸牢中华民族共同体意识比作一团不熄的熊熊炉火，燃旺这炉火的一定是朝夕相处的辅导员、班主任。辅导员、班主任一定要提高认识，力戒应付或懒惰，当学生有困难时及时在场疏导和解决。

### 6. 要用正确的内容灌输和强化教育

新时代，学校做好铸牢中华民族共同体意识，需要宣传教育引导各民族大学生充分了解中华民族的历史与文化，用正确的常识去对冲"三股势力"的蛊惑。应加强以下三个方面的宣传教育，做到"小道理能讲活，大道理能讲通"。

一是以"四个共同"为起点，夯实铸牢中华民族共同体意识历史基础。

2019年9月，习近平总书记在全国民族团结进步表彰大会上明确提出，"我们辽阔的疆域是各民族共同开拓的"，"我们悠久的历史是各民族共同书写的"，"我们灿烂的文化是各民族共同创造的"，"我们伟大的精神是各民族共同培育的"，"一部中国史，就是一部各民族交融汇聚成多元一体中华民族的历史，就是各民族共同缔造、发展、巩固统一的伟大祖国的历史"。

二是以"五个认同"为核心，汇聚铸牢中华民族共同体意识内在动力。习近平总书记强调，"必须以铸牢中华民族共同体意识为新时代党的民族工作的主线，推动各民族坚定对伟大祖国、中华民族、中华文化、中国共产党、中国特色社会主义的高度认同，不断推进中华民族共同体建设"。通过思政课和课程思政等渠道，切实实现"五个认同"教育"进教材、进课堂、进头脑"。

三是以"四个与共"的共同体理念为内容，明确铸牢中华民族共同体意识实践指向。"铸牢中华民族共同体意识，就是要引导各族人民牢固树立休戚与共、荣辱与共、生死与共、命运与共的共同体理念。"通过"四个与共"的共同体理念阐释铸牢中华民族共同体意识的基本内容，缔结各族师生人心归聚、精神相依的精神纽带，强化各族师生血脉相连、坚不可摧的共同体情感认同，才能引导大家将"四个与共"的共同体理念深植于内心、外化于行动。

学生们通过学习和思考，将会由浅入深地去真正铸牢：正本清源，十分清楚什么是对什么是错，是铸牢中华民族共同体意识的初步效果；无排斥感，不单纯以某个民族来画圈子，是铸牢中华民族共同体意识的较好效果；积极来往，像石榴籽一样紧紧抱在一起，是铸牢中华民族共同体意识的最佳效果。

学校开展铸牢中华民族共同体意识的教育，绝不是某一个部门所能够单独推动并完成的，必须贯穿到全成员、全过程、全方位，要靠全体师生员工特别是辅导员、班主任雷打不动地坚持下来、自觉愉快地参与其中才可以实现。

用好网络平台，随时聆听经典著作。比如中国青年网 2022 年 10 月 26 日报道，四大名著 2022 年将全部完成录制有声剧。

要想受到中华优秀传统文化的正向影响，亦可以通过阅读一些经典著作，这些经典书籍可以超越时间、年龄、语言和群体而成为人类心灵成长的营养，一辈子读过经典和没有读过经典的人生是不一样的。在经典中汲取力量，用经典照亮自己前行的路。到大学里，不仅仅是来获取文凭，更重要的是来积淀文化，培养自己正确的思想观念和得体的行为方式。

## 第二节　树立正确世界观人生观价值观

人是观念的动物，观念就是人们根据生活经验和通过学习所形成的信念。毛泽东同志曾谈到，"学问再大，方法不对，等于无用。"大学阶段是价值观养成的关键阶段。树立正确的世界观、人生观、价值观，是大学生健康成长的根本问题，也是决定大学生思想政治教育成败的根本问题。"三观"教育所要达到的目标，是要让学生掌握和运用马克思主义的基本立场、观点和方法去认识世界和改造世界，使之成为大学生精神世界的深层核心，成为他们信仰上的自觉，而不只是要求大学生遵循一些外在的规范。在本书的第八章专题阐述"教育和引导大学生永远跟党走"，在这里论证"使其树立正确世界观人生观价值观"，原因就在于：一个真正优秀的中国大学生，一是一定要站在全人类理论的最高点，二是一定要站在全人类道德的最高点。理论的最高点是认识问题，道德的最高点是实践问题。这就是马克思主义的知行合一的世界观、人生观和价值观。

君子人格：青年理想人格构筑的价值坐标。自古以来，人格完善一直被作为人生的理想，在不少的民族、国家的历史时期，人格完善对于人生的意义甚至比幸福更重要，中国传统社会就是如此。① 人格完善的意义不只是在于它是获得幸福的充分主观条件，还在于它是幸福感的重要源泉。人格完善的人具有人格魅力，一个人的人格越完善、越高尚，他的人格越有魅力。人格魅力是由人格高尚、人格完善所产生的吸引他人并令他人倾慕、崇敬、赞美的力量。对于具有人格魅力的人来说，人格魅力的意义主要在于，它使他感到自己不仅得到了他人的认同和尊重，而且得到了他人的倾慕、崇敬、赞美，感到自己的价值得到了实现和公认，从而从心理上得到极大的满足。这是一种比占有财富、金钱、权力、地位等资源更得到他人认同、更得到自我肯定的满足感。这种满足感是一种有高度、有深度的持久幸福感。因此，具有人格魅力是一个人产生不可替代的高质量幸福感的源泉。②

世界观，是指我们怎么认识世界，怎么对待世界。世界观又叫宇宙观，是人民对整个世界、整个宇宙的根本看法。受到良好教育后，

---

① 江畅：《新时代中国幸福观》，新华出版社，2021，第 30 页。
② 江畅：《新时代中国幸福观》，新华出版社，2021，第 31 页。

可以看见更大的世界。在大学里，具备形成正确世界观的便利条件和自身条件，这将是一个人毕生的取之不竭的财富。毛主席早就号召青年人"要关心国家大事"，青年大学生更要耳聪目明，知晓天下事，才能干好脚下的事。让青年大学生明白百年未有之大变局的世界形势，将会进一步认识到作为一个中国人的骄傲和自傲。

人生观，是我们应该怎么样去度过一生，如何体现人生的意义。人生观是世界观的一部分，它是人生的指路灯。每个大学生的出身背景不同，家庭经济基础不同，家庭温馨环境不同，个人的顺境逆境这样的境遇不同，对待人生都会有不同的态度。人生是什么？有的大学生说，"人生就是欢乐"，持这种人生观的大学生在遇难题时常常愁眉不展。有的大学生认为，"人生要经苦难"，持这种人生观的大学生则会凡事都以平常心待之。早在1903年，革命导师列宁就提出："我们的主要目的是锻炼严整的革命人生观。"①

陶行知说：生活即教育。教育学生树立正确的人生观，要努力使学生们明白，如何做一个顶天立地的人，如何做符合逻辑的事。做能做的事，把它做得最好，这才是做人的重点。要告诉青年大学生，应树立这一人生观：最合适自己的，又能符合国家和社会的，便是最恰当的人生观。俞敏洪有次讲到："真正对时间有更高维度的思考和对人生，是来自于我大三得了肺结核，在医院里住了一年，我终于发现这种争分夺秒的拼命，其实是一种低层次的时间利用啊，那么在医院里我就开始思考，就是我此生到底想要什么，以及我应该把时间真正地用在什么地方。后来，我思考的最大的成果就是我放弃了大三大四对于考试成绩的追求，而倒过来用时间去读我认为应该读的一些书，这反而奠定了我后来发展的一种基调。"

---

① 列宁：《列宁全集（第六卷）》，人民出版社，1986，第463页。

史铁生说："生命就是一个过程，一个不断超越自我局限的过程。"人生宝贵，不要局限在狭小的"天地"中。一个人如果光围绕着自己收获打转转，就容易心胸狭小，就容易产生"既生瑜，何生亮"那种嫉贤妒能的心理，就难以做到广交朋友。对马克思而言，准确的自我认识是实现美好生活的现实基础。马克思强调自我的反思和批判能力，指出个体如果在追求发展的过程中曲解生活的本真意义，沉溺于物质主义、消费主义或虚无主义的世俗生活，那么所谓的美好生活必将遭到扭曲。① 只有当青年大学生树立正确的、积极的人生观，才会明白"成功与失败，痛苦与欢乐，顺风与逆境，泪水与笑容"是相互依存的，才会真正体会到：失败中蕴藏着成功，逆境中孕育着顺风，坎坷中预示着辉煌，泪水中闪动着笑容。

价值观，是指我们判断事情有没有价值以及有多大价值。价值观，不仅仅局限于自己的幸福生活，而是通过教育获得无穷的力量，变成一个大大的我，为了中华民族伟大复兴而努力着。培养正确的物质观、金钱观。大学生如果一切为了金钱而活着，就会成为金钱的奴隶。人生真正的价值在于帮助他人，避免我们被外在事物异化。

个人对生命、事业、家庭等方方面面感悟的系统化理论化，形成自己正确的人生哲学。有了它的疏导、引导、指导，生命的坐标不会飘忽；内心不会空白；灵魂不会游移。② 开展励志教育。在不确定的世界做一个确定的人。贵在知行合一。不经历风雨，哪里见得到美丽的彩虹？不受过痛苦，哪里会感到珍贵的幸福？期待，是天底下最有效的手段。青年大学生，自小就是从校门到校门，没有经过劳动的磨炼，没有独立设计过自己的发展前景，遇到困难就退缩，缺乏励志教

---

① 周锦章：《马克思的美好生活观及其当代价值》，《思想理论教育导刊》2020年第4期。
② 毕可弟：《咀嚼人生》，白山出版社，2003，第78页。

育和克服大的困难的决心。班主任应该给班里大学生上好成年人如何优秀地完成眼前学业和几年后人生事业的这门课。

　　每个在校大学生的家庭条件、成长背景肯定千差万别，要根据每个学生的实际情况，鼓励他们不要"佛系"，不能有"躺平""躺赢"的落后心态，人生最值得的投资就是磨炼自己。拿破仑·希尔说过一句话："一个人能否成功，关键在于他的心态。"青年大学生尽最大努力避免"攀比""敏感""自卑"，应该追求精神的富足和内心的强大。物质上的穷不可怕，那只是暂时的，可怕的是精神上的贫困，那将带来终身阴影。内心充满阳光，负能量必会走远。把握住两点：第一，学生的家庭条件好或者不太好，是父母提供的物质条件，不是学生本人创造的，没有可比性，在校大学生应该相互比较学习成绩、为人处事能力和辩证思维能力；第二，既然不是"富二代"，那就充分利用大学舞台，拼命提高自己的综合能力，特别是就业能力，若有可能可以创业，为成为"富二代"的父亲或者母亲而时刻准备着。根据学生自身的实际情况，对于经济困难的学生，激发其"努力学习，找个好工作，改变家庭经济状况"的动力，让其知晓"不怕苦，才不会一直苦"的道理。对于家庭条件不错的学生，讲明白"自己的好日子是父母带来的，谁的钱都不是大风飘来的，要努力学习，有这么好的条件，一定要有更大的作为，不仅仅为了自己的幸福生活，还为了联结在一起的普通群众的美好生活"的更大担当。

　　开展心理健康教育。大学生处于朝气蓬勃的年龄段，只要努力付出，定会有光明灿烂的前途，不应有心理障碍，更不能自杀。自杀行为是对自己及爱自己的所有人的极端不负责。鲁迅说得好，"希望是附丽于存在的，有存在，便有希望，有希望，便是光明"。时间能改变一切，遇到委屈、难事，放下一天、一周、一个月，回过头来再看，就一定不再是一件什么太大的事情了。

人生不如意的时候，想想三国时期著名政治家、军事家司马懿的生存之道，若能理解消化他的昂扬向上精神，通过对比自己的处境比他要好得多，从而汲取奋进的力量。当遇到委屈或者不爽时要学会自我调节，想不通只是自己给自己找别扭，想通了才是自己给自己找出路。

人生如有不平事，不妨读读苏东坡，从苏东坡身上能学到的是满满的乐观豁达之情。若青年大学生，一遇到挫折便松散懈怠，日后怎成大器？年轻人要学会敢于吃点苦，耐得住寂寞。青年大学生通常雄心很大，个人素质也很好，又具有年龄和身体方面的优势，完全可以干出一番大的事业。可是个别学生却被眼前的似乎唾手可得的实际利益而迷惑了眼睛。有的学生贪图物质享受，有的学生庸俗，有的学生变得苟且，有的学生变得随波逐流人云亦云，为什么？因为这些学生太善于给自己找借口，从来没有真正找到过自己的人生方向，从来没有为把自己变得更优秀而真正努力过。

习近平总书记在第二十届中共中央政治局常委同中外记者见面时发表重要讲话，他指出，"新征程是充满光荣和梦想的远征。蓝图已经绘就，号角已经吹响。我们要踔厉奋发、勇毅前行，努力创造更加灿烂的明天。"[①] 习近平总书记的讲话激励着青年大学生勇往直前，积极投身到伟大的中国特色社会主义建设的洪流中，不应该"躺平摆烂"。

## 第三节　做社会主义事业建设者接班人

培养什么人，是教育的首要问题。"国有贤良之士众，则国家之

---

①习近平：《在二十届中央政治局常委同中外记者见面时的讲话》，《求是》2022年第22期。

治厚；贤良之士寡，则国家之治薄。"古今中外，每个国家都是按照自己的政治要求来培养人的。我国是中国共产党领导的社会主义国家，这就决定了我们的教育必须把培养社会主义建设者和接班人作为根本任务，培养一代又一代拥护中国共产党和我国社会主义制度、立志为中国特色社会主义奋斗终身的有用人才，这是教育工作的根本任务，也是教育现代化的方向目标。①

世界著名心理学家罗伯特说过："教育的本质是唤醒。"李政涛在《没有灵魂的教育》一文写道："教育本身意味着：一棵树摇动另一棵树，一朵云推动另一朵云，一个灵魂唤醒另一个灵魂。如果一种教育未能触及到人的灵魂，未能引起人的灵魂深处的变革，它就不能称其为教育。"高校班主任面对成年的大学生，他的作用，不是扬鞭驱赶，而是引领激发，要让他的学生对未来充满信心，看到诗和远方。班主任育人的特技是什么？唤醒是重要的一环，甚至可以说，教育首先是点燃和唤醒，唤醒学生内心深处的那些沉睡的东西，像对自己未来的憧憬，对自己潜力的重新审视，对自己人生理想的高位定位。

班主任要使大学生们认识到：常说道法术，道是讲天下之理，法是讲环境组织之理，术是讲个人之理，光讲大道理，光讲基本规则，解决不了问题，解决问题还是要靠办法。处理事情的八个基本策略如下。第一，懂得如何长期传递自己的积极情感。不要一天到晚不高兴，不要多讲负面性的东西，那不能体现你的高明之处。第二，懂得与他人建立密切的人际关系。一生不爱与他人打交道的人，他的一生活得特别憋屈。有关心理学家在研究大学生群体的时候，关于积极健康心态的第一个指标是开放性，愿意融入社会，愿意跟人打交道。当然在交往过程中完全不防别人也是有问题的，但是你不愿意和他人正常交

---

① 本书编写组：《习近平总书记教育重要论述讲义》,高等教育出版社,2020,第59页。

往，工作的机会就会减少很多。第三，懂得留出时间完全冷静独处思考。第四，发展技能获得心理体验。知识改变命运，技能改善生活。第五，接受新观念和新做法，做到与时俱进。第六，充分表达自己的情绪。第七，懂得在活动中体现自我。要主动参与各种活动，不要一个人孤芳自赏。第八，提高独立性，减少依赖性。要投入到火热的大学生活中。

做好班主任工作，极为重要的一点是唤醒学生们勇于成长成才、甘于担当奉献的自觉意识。大学教育的意义并不是学一大堆知识，而是学会一种思维，培养大学生的成长型思维。新时代的教育以学生的终身发展为目标，要培养担当民族复兴大任的时代新人，这样的时代新人指的是品德高尚、人格健全、身心健康、全面发展的人。爱因斯坦曾说过："如果人们已经忘记了他们在学校里所学的一切，那么所留下的就是教育。"成长比成功更重要。其实，成长本身就是最大的成功，大学生在大学阶段逐渐成长，形成了正确的、定型的"三观"，就是最好的结果。

"玉不琢不成器"，教育引导大学生做一个有益于国家、有益于民族、有益于人民的栋梁之材，离不开其自身的学习，以获得直接经验或者间接经验。学习，是德行的保存。孔子所谓的学习，其先决条件在于学生的修养，否则是不会学成的。学生应该孝顺父母，友爱兄弟，并诚恳待人。品行不端的人永远学不到"道"。学习时要看内在的养成。人若不学，其他的德行就不清楚而失真："好仁不好学，其蔽也愚，好知不好学，其蔽也荡，好信不好学，其蔽也贼，好直不好学，其蔽也绞，好勇不好学，其蔽也乱，好刚不好学，其蔽也狂。"

要提高综合素质，德智体美劳全面发展，只有具备了良好的综合素质，才能支撑起青年大学生多姿多彩的大学生活和绚烂人生。素质分先天素质和后天素质，两者缺一不可。做一个"聪明人"。这里讲到的"聪明人"就是一个善于把个人的前途发展与国家的兴旺发达紧密结合起来的人。融入祖国的社会主义现代化建设新征程中，要做参与者，而不是旁观者。

1936年9月，时任浙江大学校长竺可桢在开学典礼的演讲上向学生提出两个问题，"到浙大来做什么？将来毕业后做什么样的人？"这两个问题时至今日，还刻在浙大校园内的石头上，供一代代浙大学子思考，而这也是徐川子一直思考的问题。

大学初始，徐川子尽情享受自己的大学生活，与一群志同道合的同学创建了D.F.M爱艺者协会，担任会长的她颇有激情地带着社员们开展各种活动，拉赞助，跑项目，忙得不亦乐乎，社团还获得"浙江大学三星级社团"称号。同时，徐川子沉下心来在专业知识上做研究，一步一个脚印向前迈进，浙大浓烈的学术氛围，也让她能沉淀下来思考很多专业问题。对老校长提出的两个问题，徐川子的答案是：来浙大丰富自己的专业知识，去社会上做一个坚持和创新的人。

教育引导大学生向各领域的先进代表特别是科技领域的先进人士学习，比如李四光，一家两代三位院士。

教育是国之大计、党之大计。党的二十大报告对办好人民满意的教育作出部署、提出要求。习近平总书记要求"在加快推进教育现代化的新征程中培养担当民族复兴大任的时代新人"，强调"促进学生德智体美劳全面发展，培养学生爱国情怀、社会责任感、创新精神、实践能力"。"盖有非常之功，必待非常之人。"新征程上，培养德智体美劳全面发展的社会主义建设者和接班人，对于服务国家战略需要、加快建设人才强国、实现中华民族伟大复兴至关重要。

创新是一个民族进步的灵魂，是一个国家兴旺发达的不竭源泉。习近平总书记指出："青年是社会中最有生气、最有闯劲、最少保守思想的群体，蕴含着改造客观世界、推动社会进步的无穷力量"，"我们要用欣赏和赞许的眼光看待青年的创新创造，积极支持他们在人生中出彩"。广大教育工作者要精心呵护大学生的创新意识，培养大学生的创新精神，提升其创新能力。推动教育教学方式改革创新，尊重和保护学生的创新意识，激发学生的创新兴趣，鼓励学生开展个性化、探究式的学习探索，鼓励学生面对问题时解放思想、开阔思路、突破常规，提出切实有效、与众不同的解决方案。

实践出真知，实践长真才。习近平总书记指出："做人做事，最怕的就是只说不做，眼高手低。不论学习还是工作，都要面向实际、深入实践，实践出真知；都要严谨务实，一分耕耘一分收获，苦干实干。"① 广大教育工作者要引导学生在实践锻造中不断成长，坚持教育与生产劳动相结合，把劳动精神和实践意识的种子深植学生心中，教育学生崇尚劳动、尊重实践，懂得"劳动最光荣、劳动最崇高、劳动最伟大、劳动最美丽""社会主义是干出来的"等道理，持续系统地锻造学生的劳动素养和社会实践能力。要在培养学生的奋斗精神上下功夫，引导学生树立远大志向，敢想敢干、勇于实践、不懈奋斗。②

在这个时刻充满变数的信息化时代，当代青年大学生如何面对现实中诸多的不确定性？学业、理想、社会、就业、亲情、爱情……该如何去应对，是否坚守自己的梦想，如何去实现自己的人生梦想？都需要班主任的教育和引导。教育是挚爱，这种爱，越是无私，越是深厚；教育是思想，这种思想越是现实，越有力量；教育是追求，这种追求越执着，越有成果。③

社会主义建设者和接班人要有所作为，就必须心怀国之大者，投

---

① 习近平：《在北京大学师生座谈会上的讲话》，《人民日报》2018 年 5 月 3 日，第 2 版。
② 田海林：《培养担当民族复兴大任的时代新人》，《人民日报》2022 年 10 月 28 日，第 9 版。
③ 刘彭芝：《人生为一大事而来》，高等教育出版社，2004，第 5 页。

身于民族复兴的伟大事业中。一代人有一代人的奋斗，一个时代有一个时代的担当。要心系"国家事"、肩扛"国家责"，努力为社会主义现代化强国、为明天，去奋斗、去创造，胜利属于坚强有力的青年大学生。习近平总书记在 2014 年同北京大学师生座谈时寄语青年大学生："现在在高校学习的大学生都是 20 岁左右，到 2020 年全面建成小康社会时，很多人还不到 30 岁；到本世纪中叶基本实现现代化时，很多人还不到 60 岁。也就是说，实现'两个一百年'奋斗目标，你们和千千万万青年将全过程参与。有信念、有梦想、有奋斗、有奉献的人生，才是有意义的人生。当代青年建功立业的舞台空前广阔、梦想成真的前景空前光明，希望大家努力在实现中国梦的伟大实践中创造自己的精彩人生。"[①]

每个大学生都希望自己能够获得成功，问题是如何获得成功，采取的方式方法也是数不胜数。成功总是垂青那些有准备和总结反思的人。毛泽东同志曾经形象地谈到："我是靠总结经验吃饭的。"一个大学生经过学习、历练和总结，能力会越来越强，施展才华的舞台就越大，终将在岗位上做出成绩，成为国家可堪大任的人才。

班主任也可以举成功人士的例子（如世界名探李昌钰、世界著名生物学家颜宁），证明一点：任何人要想获得成功，唯有奋斗，没有捷径。要克服侥幸心理，克服浮躁情绪，不能把希望寄托在好运气或者托熟人、找关系上。一定要把成功的希望建立在努力奋斗的基础上，"要对自己狠一点"。艰难困苦，玉汝于成。也许付出了不一定成功，但不付出一定不会成功。

李昌钰的奋斗姿态值得大学生学习。在李昌钰家乡江苏如皋设立

---

① 习近平:《青年要自觉践行社会主义核心价值观——在北京大学师生座谈会上的讲话》,新华网,2014 年 5 月 5 日。

的李昌钰刑侦技术博物馆，墙上写有李昌钰的名句：我一生只做了一件事，使不可能变为可能。在该博物馆内，李昌钰为她母亲写下了这样的一段话："一个人的成功，不一定要做大事，也不一定是赚多少钱，哪怕是个家庭主妇，她做好了相夫教子的事情，也就为国家、社会和人类作出了贡献，这样她的人生也就没有白活。"李昌钰说："除了运气之外，我认为一个人成功与否，努力更是关键。人的一辈子很长，成长其实是一步一步累积起来的。我相信，一天走一小步，持续不懈地前进，就能完成许多梦想。"①

颜宁的奋斗姿态。创造属于自己的科学史。2014年1月17日晚上10点半，因临近新年，清华大学校园内，也显得格外安静。而此时，结构生物学中心所在的楼层却依旧灯火通明。两天前，颜宁研究组终于得到一颗优质的葡萄糖转运蛋白GLUT1的晶体，由两位学生用低温罐装着，搭高铁送去上海同步辐射实验室。所有人都在等待高质量的数据传回。两年多的集中研究、近半年的全力攻关，眼下，就是最后关口。伴随着一阵急促的敲门声，颜宁办公室的门被拉开，博士后邓东站在门外。"出来了？""出来了！"仿佛心照不宣的喜悦，两人相视而笑，一起朝实验室跑去。这一刻，这个平均年龄不到30岁的团队，攻克了膜蛋白研究领域50年不解的科学难题，在人类治疗癌症与糖尿病的征程中迈出关键一步。

凌晨3点，颜宁打开邮箱，准备给实验室成员布置后续工作，一封来自美国霍华德休斯医学研究所的邮件弹出：经过初选，颜宁在全球800名申请人中过关斩将，成为进入"霍华德休斯国际青年科学家"第二轮候选的55人之一。"因为这个课题，我有幸与此前崇拜了10年的偶像级科学家、2003年诺贝尔化学奖得主罗德里克·麦金农教授

---

① 李昌钰：《让不可能成为可能》，民主与建设出版社，2016，第3页。

合作，在与他的交流中受益匪浅。"不仅如此，颜宁团队获取的结果呈现出与已发表论文不同的状态，新成果在 10 个月后发表于《自然》。"这就是科学研究的魅力：不向前走，你根本不能轻易定义成功或者失败。"颜宁说，这种不确定的惊喜，会让人上瘾。时至今日，颜宁依旧怀念在美国普林斯顿大学的 7 年留学生涯。"在普林斯顿，教科书里那些高贵冷艳的知识，原来就是身边的这些貌似随和的老先生老太太们创造的；研究生课程一律用经典或前沿的原创论文做教材。"颜宁意识到，一旦进入实验室，自己就有可能成为人类知识的创造者、科学史的缔造者。有了这种认知，颜宁的追求目标也逐渐演化为：发现某些自然奥秘，在科学史上留下属于自己的印迹。在普林斯顿一年后，颜宁进入施一公的实验室并正式开始实验研究。后来，实验室又多了两位来自清华的师兄。每当夜幕降临，3 个人就开始用小音箱放着中文老歌，伴着旋律各自做着实验。或许，那就是颜宁向往的生活。

青年大学生要做一个对国家对社会有益的人，可以结合"在校大学生"的身份，广泛浏览自身学校和国内外知名学校的校训。校训作为一所学校办学传统的积淀和价值追求的凝练，集中体现了学校的办学理念和师生的价值理念。可以用我国诸多高校特别是自己学校的校训来激发大学生的奋斗之情。青年大学生也要结合自身实际和个人兴趣，广泛涉猎一些名人的人生格言，也就是座右铭。这对我们今天的青少年成长与教育，均有借鉴意义。大学生应总结出自己在大学生这个关键时期的座右铭，以此自策自勉。

著名科学家钱学森的座右铭是："我不怕，等他赶上来，我又跑到前面去了。"这体现了钱学森先生超于常人付出并超于常人收获的自信和底气。

朱光潜的青年时期，曾三立座右铭。第一个座右铭是在香港大学求学时，他以"恒、恬、诚、勇"四字为励，恒心、恬淡、诚恳、勇气。

第二个座右铭是他在英国爱丁堡大学学习时所立。当时,他向指导老师、著名的康德专家史密斯教授提出研究美学,遭到导师的竭力反对。他告诫朱光潜,美学玄得很。朱光潜没有退缩,在认真思索后,决定迎难而上,并立下一条座右铭:"走抵抗力最大的路!"从此,他全身心地投入美学研究中,终于写出了《悲剧心理学》《文艺心理学》《变态心理学》等具有开创意义的论著。

第三个座右铭是在 20 世纪 30 年代所立。座右铭共 6 个字:此身、此时、此地。此身,指自己该做能做的事决不推诿给别人;此时,指当下该做能做的事决不推延到将来;此地,指凡此地该做能做的事,决不等所谓的"时机成熟"再做。

朱光潜先生这三个座右铭,第一次主要是确立做人求学之志;第二次的侧重点是理想、事业的抉择;第三次是在学有所成后,对自己有明确而具体的要求。

现代著名作家姚雪垠也有三个座右铭。第一个座右铭是:"加强责任感,打破条件论,下苦功,抓今天。"他解释说:"一个人要成就一番事业,或是写出一部像样的作品,就必须坚韧不拔,克服困难,珍惜时间,下苦功夫。"这几句普普通通的话,说起来容易,可要真正做到,还真不那么容易。第二个座右铭是:"耐得寂寞,勤学苦练。"他解释说:"这个座右铭还有点辩证法呢!耐得寂寞的目的,是为了勤学苦练。耐得寂寞的人,就能勤学苦练,从而做出成绩来。总之,耐得寂寞,才能不寂寞;耐不得寂寞,偏偏寂寞。"姚雪垠的第三个座右铭是:"生前马拉松,死后马拉松。"他解释说:"所谓'生前马拉松',是说人们度过漫长的人生道路,并对社会做出应有贡献,就好比参加马拉松赛跑一样,中途一刻也不能懈怠,不能停顿。所谓'死后马拉松',是说对于一个人的评价,只有在他去世之后才能'盖棺论定'。但对有些人来说，即使'盖棺'了，也还不能完全'论定'。"①

某位企业家曾在一次接受采访时说："我觉得我有两个特点值得大家学习：一个是做事情确实比较坚韧，做事有弹性，遇到什么问题不退缩，看准了目标，觉得某个目标值得做的话会努力，不怕失败。第二个是善于学习，我善于持续性地去观察别人做事情的方式，并且回过来再看看我自己，这样的事情到底能不能做，多看别人值得自己学习的一面。"

广大青年生逢其时，也重任在肩。我们的国家正在走向繁荣富强，我们的民族正在走向伟大复兴，我们的人民正在走向更加幸福美好的生活。同人民一起奋斗，青春才能无悔。作为社会主义建设者和接班人，广大青年要坚定理想信念，志存高远，脚踏实地，勇做时代的弄潮儿，在实现中国梦的生动实践中放飞青春梦想，在为人民利益的不懈奋斗中书写人生华章！②

①参见《姚雪垠的三个座右铭》，《南阳日报》2019年5月17日，第7版。
②本书编写组：《习近平总书记教育重要论述讲义》，高等教育出版社，2020，第68页。

# 结束语

伟大的教育家陶行知说："校长是一个学校的灵魂，学校的好坏和校长最有关系，一个好校长就是一所好学校。"同理，班主任是一个班级的灵魂，班级的好坏和班主任最有关系，一个好班主任就是一个好班级。任何一个德智体美劳全面发展的大学生，都是高校老师特别是班主任和学生一起努力形成的合力而结出的硕果。停止对大学生一味地说教。班主任可以用纪录片等形式唤醒他的内驱力，使其不再觉得单调枯燥。如建设 C919 大飞机现场的"长期奋斗、长期攻关"的标语，充分表达了大飞机生产线上成千上万人以身许国的真挚感情和豪迈情怀。

作为新时代的高校班主任，让我们逐字逐句学习习近平总书记在中国共产党第二十次全国代表大会上的报告中关于青年的有关论断，反复学习，吃透领会精神并以此为根本遵循，运用到育人实践中去，给予在校大学生正确的教育和引导。青年强，则国家强。当代中国青年生逢其时，施展才干的舞台无比广阔，实现梦想的前景无比光明。全党要把青年工作作为战略性工作来抓，用党的科学理论武装青年，用党的初心使命感召青年，做青年朋友的知心人、青年工作的热心人、青年群众的引路人。孟子有言："行有不得，反求诸己，其身正而天下归之。"作为高校班主任，要注重研究"管理之道"，而不是不懂道，更不能逆道而行。

得天下英才而教之，是教师的心愿与乐趣，让大学生能从优秀到卓越是教育的使命与追求情怀。个人的命运和国家的命运是紧密相连的。但一些大学生思维滞后和行动迟缓，不能认清新时代，最多只能追随时代，跟着这个时代跑，这是一般大学生。新时代需要大批"新时代的弄潮儿"，需要中华民族伟大复兴事业的引领者。正如竺可桢校长所希望的那样："第一，诸位求学，应不仅在科目本身，而且要训练如何能正确地训练自己的思想；第二，我们人生的目的是在能服务，而不在享受。"广大青年要坚定不移听党话、跟党走，怀抱梦想又脚踏实地，敢想敢为又善作善成，立志做有理想、敢担当、能吃苦、肯奋斗的新时代好青年，让青春在全面建设社会主义现代化国家的火热实践中绽放绚丽之花。

蔡元培曾说过："教育者，养成人格之事业也。"我们新时代的高校班主任群体，作为"育人实践"最为丰富的教育者，应该有着以下的觉悟。每个班主任都能占有阳光。但，只有拿着聚光镜的班主任，才能用它燃起一簇耀眼的火苗。想，都是问题；做，才有答案。把行动交给现在，把结果交给时间。提高班主任工作的方法只有一个，事上练，永远是最好的途径。管理的本质，其实就是三个字：拿结果。做一名让党和国家放心的班主任，以爱与责任为基点，想方设法运用"夸赞"这一教育的幸福源泉，培育在校大学生成长成才成人。每个班主任都可以做最优秀的自己，这体现在每一天的每一个工作环节当中，也是我们的本职工作。成功不是偶然，走出舒适区。向上的路总是艰难而曲折的，而向下坠落，却非常容易。心无旁骛，万事可破。欲行大事、入大局，必须知大道、明大德。决不能浑浑噩噩混日子误人子弟，一定要勤勤恳恳培育党和国家所需要的栋梁之材。

# 主要参考文献

1. 本书编写组. 习近平与大学生朋友们[M]. 北京：中国青年出版社，2020.

2. 本书编写组. 习近平总书记教育重要论述讲义[M]. 北京：高等教育出版社，2020.

3. 习近平. 之江新语[M]. 杭州：浙江人民出版社，2007.

4. 中央"不忘初心、牢记使命"主题教育领导小组办公室. "不忘初心、牢记使命"优秀共产党员先进事迹选编[M]. 北京：党建读物出版社，2019.

5. 习近平. 习近平谈治国理政：第一卷[M]. 北京：外文出版社，2014.

6. 习近平. 习近平谈治国理政：第二卷[M]. 北京：外文出版社，2017.

7. 习近平. 习近平谈治国理政：第三卷[M]. 北京：外文出版社，2020.

8. 习近平. 习近平谈治国理政：第四卷[M]. 北京：外文出版社，2022.

9. 习近平. 高举中国特色社会主义伟大旗帜　为全面建设社会主义现代化国家而团结奋斗——在中国共产党第二十次全国代表大会上的报告[M]. 北京：人民出版社，2022.

10. 习近平. 决胜全面建成小康社会　夺取新时代中国特色社会主义伟大胜利——在中国共产党第十九次全国代表大会上的报告[M]. 北京：人民出版社，2017.

11. 习近平. 论中国共产党历史[M]. 北京：中央文献出版社，2021.

12. 本书编写组. 习近平著作选读：第一卷[M]. 北京：人民出版社，

2023.

13. 本书编写组. 习近平著作选读:第二卷[M]. 北京:人民出版社,2023.

14. 本书编写组.《中共中央关于党的百年奋斗重大成就和历史经验的决议》辅导读本[M]. 北京:人民出版社,2021.

15. 中共中央宣传部理论局. 百年大党面对面——理论热点面对面·2022[M]. 北京:学习出版社,人民出版社,2022.

16. 曲青山. 中国共产党百年辉煌[M]. 北京:人民出版社,2021.

17. 中共中央宣传部. 习近平新时代中国特色社会主义思想学习问答[M]. 北京:学习出版社,人民出版社,2021.

18. 曲建武. 建构高校辅导员工作长效机制研究[M]. 大连:大连海事大学出版社,2011.

19. 徐川等. 顶天立地谈信仰:原来党课可以这么上[M]. 北京:人民出版社,2018.

20. 教育部课题组. 深入学习习近平关于教育的重要论述[M]. 北京:人民出版社,2019.

21. 陈先达. 新时代马克思主义必修课[M]. 北京:人民日报出版社,2019.

22. 李子林. 中国共产党与中华优秀传统文化[M]. 武汉:武汉大学出版社,2022.

23. 中共中央宣传部. 习近平新时代中国特色社会主义思想三十讲[M]. 北京:学习出版社,2018.

24. 朱金瑞等. 新时代中国特色社会主义道德建设研究[M]. 北京:人民出版社,2020.

25. 谢春涛. 中国共产党为什么能?[M]. 北京:新世界出版社,2020.

26. 郝立新. 底线思维——中国共产党人的实践辩证法[M]. 北京:

人民出版社,2020.

27. 颜晓峰. 坚持底线思维 着力防范化解重大风险[M]. 北京:东方出版社,2019.

28. 吴杰明. 树立正确的祖国观、民族观、文化观、历史观[M]. 北京:人民出版社,2021.

29. 俞吾金. 意识形态论[M]. 北京:人民出版社,2009.

30. 本书编写组. 高校意识形态工作论纲[M]. 北京:人民出版社,2019.

31. 刘士欣. 知行八谈:感悟做人做事做官[M]. 北京:中共中央党校出版社,2018.

32. 潘鸿生. 超级自控力——如何进行有效的时间管理[M]. 北京:北京工业大学出版社,2017.

33. 陈晋. 问答中国——只要路走好,谁怕行程远?[M]. 北京:新星出版社,2021.

34. 曲青山. 深入学习贯彻习近平文化思想 为担负起新的文化使命贡献党史和文献力量[J]. 旗帜,2023(11).

35. 曲青山. 深入学习领会习近平新时代中国特色社会主义思想的世界观方法论[J]. 理论导报,2022(11).

36. 靳诺. 用党的光辉历史照亮青年学子成长之路[J]. 北京教育(高教),2021(7).

37. 姜晓萍. 调查研究是科学决策的关键[J]. 新华文摘,2023(17).

38. 刘振天,吴秋怡. "'以'学生为中心"抑或"学生为中心"一个本体论的新认知[J]. 新华文摘,2023(17).

39. 许春华. 孔子的文明观[J]. 新华文摘,2023(24).

40. 李泽泉. 论人的现代化与社会思想道德建设[J]. 新华文摘,2023(24).

# 后 记

本书是各位作者集体智慧的结晶。作为曾经是、现在仍然是、未来很可能继续是，拥有着或长期或短期带班年限的高校班主任工作经历的四位撰写者，担负着"为党育人、为国育才"的神圣使命，怀着"时光飞逝，用好每一天"的紧迫感，经过携手努力，《新时代高校班主任思想政治工作研究》终于脱稿了。看着这本体系完整、案例翔实，可读性和针对性强的研究著作，方觉得我们过去的艰辛付出是必要的，值得得很。本书由新疆师范大学马克思主义学院博士生张超副教授和其博士生导师王建华教授，以及新疆工程学院马克思主义学院党总支书记尹茵副教授、新疆工程学院党委学工部部长（学生处处长）张令勇同志共同参与完成。具体分工如下：前言由王建华教授执笔；第一章至第三章和第八章至第十章内容由张超副教授执笔；第四章、第五章内容由尹茵副教授执笔；第六章、七章内容由张令勇执笔。本书框架结构和章节设计，由张超和王建华共同商定、负责，尹茵和张令勇协助统稿。在写作过程中，四位作者经常性碰头讨论，不断反思、审视、总结和提炼，真可谓集思广益，数易其稿，终于如期杀青。

本书今天得以顺利付梓，我要感谢新疆师范大学马克思主义学院对我的辛勤培养和悉心指导，学院的各位领导、老师激励着我攻读博士学位期间出版一本学术著作，一定程度上体现博士期间的较高学术水平。应该说，这本著作凝聚着我和导师在本人读博研究阶段的辛劳和汗水。感谢宁夏人民出版社的管世献编辑，是他给予了我莫大的鼓励和支持，在此深表衷心谢忱。同时也要感谢毕业于新疆工程学院我所带班级的毕业生，如今在托克逊县工作的刘欢同志对本书的细心校对。

笔者真心地希望，本书能够给正在或者将要承担高校班主任之职责的教师们提供一些有益借鉴和帮助。在写作过程中，我们参考了国内一些专家学者的研究成果，撰写时尽最大努力作了标注，但受制于精力和能力，难免会有疏漏之处，敬请有关专家学者见谅。由于撰写者的水平有限，本书一定程度上存在言不尽意、个别句子难免率意的遗憾，以及其他不足之处。但经过各位撰写人员的悉心打磨，也算瑕不掩瑜，无碍该书总体上呈现的光鲜亮丽和质朴管用。

2024 年 3 月